高校德育的传承与创新

马华华　著

北京工业大学出版社

图书在版编目（CIP）数据

高校德育的传承与创新 / 马华华著 . — 北京 ：北京工业大学出版社，2021.5（2022.10 重印）

ISBN 978-7-5639-7982-0

Ⅰ．①高… Ⅱ．①马… Ⅲ．①高等学校－德育工作－研究－中国 Ⅳ．① G641

中国版本图书馆 CIP 数据核字（2021）第 111774 号

高校德育的传承与创新
GAOXIAO DEYU DE CHUANCHENG YU CHUANGXIN

著　者： 马华华
责任编辑： 李倩倩
封面设计： 知更壹点
出版发行： 北京工业大学出版社
　　　　　　（北京市朝阳区平乐园 100 号　邮编：100124）
　　　　　　010-67391722（传真）　bgdcbs@sina.com
经销单位： 全国各地新华书店
承印单位： 三河市元兴印务有限公司
开　　本： 710 毫米 ×1000 毫米　1/16
印　　张： 10.5
字　　数： 210 千字
版　　次： 2021 年 5 月第 1 版
印　　次： 2022 年 10 月第 2 次印刷
标准书号： ISBN 978-7-5639-7982-0
定　　价： 66.00 元

作者简介

马华华，女，1980年12月出生，河南省开封市人。毕业于湖南大学，硕士研究生学历，现任湖南大学讲师。长期从事高校学生思想政治教育工作，在思想引领、文化育人等方面有着丰富的工作经验，主持参与多项省级科研项目，发表论文十余篇。

前　言

　　一个民族想要获得持续发展，就必须进行文化传承，而在文化传承活动中，德育工作始终发挥着核心作用。因此，探讨文化传承与高校德育之间的有效融合方式，显得尤为关键。如今我国高校已经开始不断加大对德育、传统文化和现代文化推广融合的力度，并设置了更加健全的课程，力求学生能够塑造正确的世界观、人生观、价值观。

　　全书共七章。第一章为绪论，主要阐述了高校德育的内涵、高校德育的内容与本质、高校德育的科学定位、高校德育发展的多元背景等内容；第二章为高校德育的现状审视与思考，主要阐述了高校德育的现状、高校德育存在问题的原因等内容；第三章为新时期高校德育模式构建，主要阐述了高校德育模式和高校德育模式的构建等内容；第四章为新时期高校德育队伍建设，主要阐述了高校德育队伍的组成与作用、高校德育队伍建设的现状、高校德育工作者素质提升的实现路径等内容；第五章为新时期高校德育内容的传承与创新，主要包括高校德育内容概述、高校德育内容体系的确立、高校德育内容的丰富与发展等内容；第六章为新时期高校德育方法的传承与创新，主要包括高校德育方法概述、高校德育方法的合理性、高校德育方法的丰富与发展等内容；第七章为文化传承视野下高校德育功能的创新实现，主要阐述了高校德育的文化价值、高校德育在文化传承中的作用、文化传承视野下高校德育功能实现的新途径等内容。

　　为了确保研究内容的丰富性和多样性，笔者在写作过程中参考了大量理论与研究文献，在此向涉及的专家学者表示衷心的感谢。

　　最后，限于笔者水平，加之时间仓促，本书难免存在不足之处，在此，恳请同行专家和读者朋友批评指正！

目 录

第一章 绪 论

党和政府对高校德育工作始终是非常重视的。新中国成立以来，高校继承和发扬党的优良传统，教育和帮助广大学生坚持正确的政治方向，培养了一大批人才。本章主要研究高校德育的基本问题，分为高校德育的内涵、高校德育的内容与本质、高校德育的科学定位、高校德育发展的多元背景四部分，内容包括高校德育的基本内涵、大数据赋予德育新的价值定位、大数据背景下的高校德育等方面。

第一节 高校德育的内涵

一、何谓德育

在人类社会中，法律是需要我们共同遵守的法则，除了这种约束之外，还有一种内在文化被人类普遍认可，就是道德。使用道德进行教育即为德育。德育是指对人们道德的教育与培养，是有目的、有计划地对社会成员在政治、思想与道德等方面施加影响的活动。在实践中德育的概念又进一步拓展，就有了狭义的德育和广义的德育之分。

广义的德育包括社会德育、社区德育、学校德育和家庭德育；狭义的德育专指学校德育，包括思想教育、政治教育、法制教育、心理健康教育等多方面内容。德育教育的内涵要放在特定的时期和背景中去考虑，不同时期，不同的国家和民族，不同的研究目的，所展现的德育内涵有所差异。

关于德育教育的内涵，不同的专家学者有不同的意见，不过大体可以分为以下几类。首先是针对表面意思的解答，相当于直译；其次是通过提高理论高度，运用国家这个客体形象进行教育的方式。当然，也有部分人认为德育应该是二者的结合。德育领域的著名专家班华认为，德育的覆盖面不应仅停留在表面的文字解释上，而应该具体到不同的层面上，既可以是思想教育，也可以是有政治色彩的教育。

1

另外，也有不少的教育学家、社会学家提出各自的观点，旨在为德育做出更规范全面的解释，虽然他们的语言文字有所差别，但总体来看，大家在德育的范围、方式及主客体衔接上基本达成了一致，也都认可了德育是对每一个个体进行教育的活动。

二、高校德育与价值实现

马克思曾提出："价值这个普遍的概念是从人们需要的与外界物的关系中产生的。"在这种观点认同下，人类是主体，客观存在的事物是客体。换作实现高校德育价值来说，高校作为价值主体，为满足自身发展的需求，提出了对受教客体也就是大学生群体的教育要求，这一群体对象能够有所反应，就是高校德育的价值所在。

当前，我国高校德育与价值实现之间的联系越来越紧密，要想做好高校德育，就必须着手对价值内容进行改造加工，并凝聚于德育工作中，最终价值能否实现，是对高校德育的最佳评断。高校为了追求价值的实现，也会想尽各种办法，通过更多的实践手段培养出符合社会标准的大学生。

三、高校立体德育教育

（一）何谓立体德育

立体德育是相对于平面化德育提出的概念，高校立体德育包括了立体化德育内容体系、立体化德育实施渠道、立体化德育环境、立体化德育教育体系、立体化德育作用方式等。

立体德育不同于平面德育，是一种新的德育形式。在从传统的平面德育向立体德育过渡的过程中，高校的立体德育教育不断完善。高校的立体德育可以从以下几个方面加以理解。

一是高校立体德育的教育影响是多渠道、多方位的；二是高校立体德育模式生动、形象、具体、丰富、真实；三是高校立体德育的载体充分运用了现代信息技术资源；四是高校立体德育的教育效果更容易被现代大学生所接受，能最大限度地调动学生的积极性和吸引力，使大学生感受到他们是德育教育的主体。

（二）高校立体德育的基本特征

1. 地位的平等性

在高校立体德育教育模式中，老师与学生是平等，互相影响、尊重的关系。

与传统的德育教育模式不同，立体化的德育教育模式强调的是地位的平等。老师虽然教给学生知识，对学生进行德育教育，但老师并不是纯粹的主导者，他在一定程度上也会受到学生的影响，在教学活动中会受到学生行为思想的启发，从而更好地去开展德育教育活动。学生在立体德育教育模式中，也不是单纯被动地接受老师灌输的知识，而是主动地接受德育教育知识，并且在接受和吸收德育知识的过程中，努力践行德育理论，在一定程度上对教育者产生影响。立体化德育教育模式要求确立师生的双主体地位，发挥双主体的作用，使德育成为爱的德育、真的德育、善的德育和美的德育。

2. 内容的真实性

立体德育的真实性是指德育教育与学生的实际生活密切相关。从宏观角度看，主要包括多维教育对家庭教育、社会教育、学校教育和环境教育等领域的影响；从微观角度看，主要包括教育者、亲戚、社会团体、朋友、电影和电视人物对人类多维教育效果的影响。德育不仅仅是通过课堂讲座来实现，还从实际生活体验中实现，通过大学生的情感体验和生活体验来完成。生活中的传统美德比任何书都更真实、更丰富。

3. 方式的情感性

高校立体德育非常注重教育方式的情感性。高校的立体德育教育方式摆脱了传统的以讲授为主要方式的教学方法，主要通过现代化的传播工具以及传播行为对学生进行德育引导。通过创设各种与德育教学内容有关的教学情境和教学实践活动，让学生在实践中充分感受到德育教育内容的重要性，提高学生的兴趣和积极性，使学生在实践过程中，达到情感上的共情、共振、共鸣，使学生对德育教学内容有一种感性的理解，而且还有一种感知思想的情感体验。

4. 方法的多样性

现阶段，立体化德育的教育模式随着科学技术的迅猛发展和网络通信现代化进程的加深也发生了深刻的改变。当今高校立体化德育教育除了利用传统常规媒介，还通过利用电视、网络等各种新媒介来进行德育教育的引导和教学，例如当前很多高校都有微信公众号，通过在微信公众平台上传播德育知识，宣传文明行为，让学生足不出户，在指尖就能第一时间接受德育教育。

另外，很多高校的德育教师还利用钉钉视频会议开展线上德育讲座，让学生通过现代化媒介接收更多的德育教育内容。

5. 影响的整体性

高校的立体德育影响的整体性主要体现在以下几个方面：首先，高校立体德育不仅可以促进大学生理解道德认识、道德情感，而且可以让大学生在实际行动中内化自己的道德素质，可以说高校的立体德育教育对大学生的影响是非常大的。其次，高校的立体德育教育除了影响学生，还会影响到教育工作者。教师在向学生传授知识的过程中，教师人格、教育行为都会因学生的改变而改变。最后，高校的立体德育教育对学校的影响也很大，高校的立体德育教育如果得到良好的开展，高校的自然环境、人文环境、校园氛围就都会发生很大的变化。综上可以看出立体化德育的影响是整体性的。

6. 效果的持久性

高校的立体德育教育所产生的效果具有持久性，主要表现在它对受教育者有持久的影响。高校的立体德育教育模式，主要表现为在德育过程中将德育知识进行全方位、多渠道、多因素、多角度的结合，使学生能够获得最佳的教学体验，从而对其品德的培养、价值观的形成等产生重要的影响。

（三）高校立体德育的理论基础

高校的德育工作是一个动态的、多因素的、复杂的系统，更是一个高度协调、整合的系统。在高校立体德育发展中，理论是德育发展的基础，没有理论就谈不上高校立体化的德育教育。下面主要从三个方面阐述高校立体德育教育的理论基础。

1. 人的全面发展理论

马克思在《资本论》中曾指出，共产主义社会是"一个更高级的，以每个人的全面而自由的发展为基本原则的社会形式"。从这种阐述中我们可以看出，马克思在肯定了教育在资本主义时代发展中所占有的重要地位的同时也敏锐地意识到特殊化教育在资本主义社会中仍然大量存在。

因此，马克思主义主张消除特殊，实现人的全面自由的发展。高校以促进人的全面发展为目标引领，通过各种现代化、多样化的德育教育方式，利用各种优势德育资源，在校内营造一种立体化的德育环境和氛围，让学生在德育教育的多维空间里受到良好的熏陶和影响，使学生在道德修养、政治觉悟等方面得到充分的发展，真正促进当代大学生德育、智育、体育等方面综合全面的发展。

2. 德育接受学理论

德育接受学理论认为，人们对待与自己有关的事物都有一个是否接受以及如何接受的问题，接受标志着人作为主体对客体的认同和接纳。当前高校的德育教育活动已经是一个开放的、多元化的、多维度的德育教育过程。

高校德育教育产生的效果是由多方面的因素共同作用的结果，既包括家庭和学校的环境氛围，也包括德育教育的方式和方法，还包括德育接受主体主观能动性的发挥情况。

高校的德育教育要想获得更好的效果，就应该从多角度去完善德育教育的方式和方法，让德育接受主体获得更多的刺激点和兴趣点，让德育接受主体能够更乐于去接受新的信息，并充分发挥自身的主观能动性。用德育接受学理论指导高校立体化德育教育，可以让德育接受主体积极主动地去获取来自各方面的德育信息，通过德育接受者的反思、自省、体悟、内化，融入意志，使德育认知形成一种稳定性的思想状态。

3. 实践论

马克思指出："全部社会生活在本质上是实践的。"在马克思的视野中，任何一种活动都是切实可行的，德育是一种教育活动，当然也是实践活动。我们在肯定高校德育成果丰硕和德育的有效途径和方法的同时，也要对高校德育的发展有客观的认识。

高校立体德育作为一种社会活动，是实践理论的具体体现。从德育的实践出发，它不仅能够检验德育教育内容的科学性和正确性，而且也能保证大学生真正全面健康的发展。提高大学生的综合素质，除了需要教育工作者的思想影响之外，更多的还需要学生进行德育实践活动体验，提高自我认知，提高主观能动性。由于人有思考的能力，人类将外界的事物经过大脑处理后形成了人类的意识。开展德育实践活动，可以使大学生切身地体会到德育教育内容的重要性，他们可以通过实践检验德育教育内容的正确性和实用性。与此同时，大学生在德育实践过程中能够检验自身的道德行为，增强自身的道德认知和道德认同，对大学生的全面发展具有重要的意义。

第二节 高校德育的内容与本质

高校德育的主要内容包括学校对学生的政治、品德、思想、心理素质等各个方面的教育。长期以来，高等教育的德育，也统称为高校德育。

高校德育是一个包含诸多要素的系统，它包含主体与客体、目标与原则、内容与方法，还包含环境、评价、管理等。这些要素中最关键的是高校德育的本质，它能够反映高校德育各要素之间内在的根本联系，整体上，它决定着高校德育与其他事物的根本区别。所以，厘清高校德育所包含的基本要素之间的关系，是正确认识高校德育本质的关键。[①]

高校德育也是对大学生政治思想和道德品质的教育，是教育者按照一定的社会要求，系统地对大学生在思想意识、政治形态和品德修养等方面进行引导的活动，即教育者有目的地培养受教育者品德的教育活动。我国教育的总方针是把学生培养成"德、智、体、美、劳"全面发展的人，而五育并举，德育为首，欲成才先成人。德育是一切教育内容的先导和基础，探讨高校教育就必须正视其与德育的关系，厘清相互之间的地位依附，才能使教育政策的制定者和一线工作者有的放矢，主次分明，为祖国培养出有理想、有道德、有文化、有纪律的人才。

当前，我国高校的德育实践亟须深入探讨高校德育本质，这也是我国德育理论建设的基本需求。自 1978 年改革开放以来，对高校德育本质的研究产生了不少有价值的理论成果，是进一步全面研究高校德育本质的重要基础。[②]

对于德育的含义，我国学术界一般有两种看法，广义上，即所谓"大德育"，是相对于智、体、美、劳而言的，主要内容包括道德、思想和政治方面的教育。广义上，法制教育从属于政治教育，而性教育、心理教育、青春期教育等只是部分从属德育。

辞海中也对广义的德育内容做了相似的解释：包括政治教育（即政治方向和态度的教育）、思想教育（即世界观和方法论的教育）和德育（即人的行为准则与道德规范的教育）。狭义上，德育仅指德育，包括道德认识、道德情感、道德意志、道德行为等方面的教育。世界上多数国家的德育大多指的是狭义的德育。从外延上看，德育又包括了"学校德育、家庭德育、社区德育、社会德育（包括工厂、农村、军队、事业单位等）"。

第三节　高校德育的科学定位

一、大数据视角下德育新的价值定位

（一）文化育人价值

大数据时代，教育者通过大数据技术与方法，满足受教育者的文化需求及

[①] 刘忠孝，陈桂芝，刘金莹.高校德育论[M].哈尔滨：黑龙江人民出版社，2019.
[②] 赵纪宁.现代科技发展与高校德育模式的创新[M].北京：北京邮电大学出版社，2011.

文化发展需要，以潜移默化的方式进行文化传播、文化选择、文化创造、文化渗透，引导受教育者形成正确的价值认同、价值判断与价值选择，牢牢把握高校意识形态工作话语权和主导权。

1. 通过可视化方式实现文化育人

教育者通过文字、图片、录音、视频、录像等素材对受教育者进行教育和引导，化抽象为具体，化枯燥为生动。同时利用微信、微博等平台及时了解受教育者的思想动态，在网上对受教育者进行监督和引导，解决受教育者关心的热点、焦点问题。

2. 通过跟踪监测实现文化育人

教育者运用大数据技术，建立校园网络文化综合治理体系，实现对受教育者的跟踪、监测、分析，规范受教育者的网络行为，传播社会主流文化、先进文化，引导受教育者确立正确的价值观念、道德规范和行为准则。

3. 通过交互实现文化育人

教育者通过大数据技术，将学生个体文化需求与高校文化价值有效融合，做好对学生理想信念的科学引导、行为取向的价值引导、心理问题的理性疏导。受教育者在虚拟网络环境中，以更加自由坦诚的方式进行文化交流、文化融合、文化渗透，体现了德育主体客体一体化，凸显了文化育人的时代性和融合性。

（二）服务育人价值

首先，大数据系统可以实现校园、个人、网络一体化，方便学生在线享受校园卡充值、后勤报修、住宿登记、户口迁移等服务。同时，大数据可迅速传递海量数据，突破了传统信息传播的局限性。受教育者可实时查询课程学习、社团工作、社会实践、校园新闻、生活服务方面的最新信息，满足学习需求和生活需求。

其次，大数据系统支持学工、教务、后勤等部门信息的共建共享，助力全程透明化办公的实现，使决策更加公平、公正、公开，更加智慧化。

最后，在大数据技术支持下，教育者通过数据挖掘、语义分析、关联分析等方法，对获取的信息进行筛选和甄别，可以及时掌握受教育者的学习行为、学习方式、生活习惯，在宏观上能对受教育者群体进行准确把握和有效分类，在微观上能对受教育者个体进行科学判断和个性指导，实现全员服务学生、全过程服务学生、全方位服务学生的目标。

（三）心理育人价值

首先，大数据有利于全面把握受教育者个体心理健康水平。传统意义上的心理健康教育仅注重对受教育者的心理健康状况全面摸排、重点筛查，缺乏对受教育者心理状况的实时跟踪及监测。大数据不受时空限制，能够及时有效地进行个体心理健康分析和干预。

其次，大数据有利于客观评估心理健康教育状况。大数据可以将受教育者的基本特征、心理动态融合到教育环境、成长环境中，把握完整、变化的信息动态，充分考虑各方面的影响因素，结合复杂精细的数据分析，进行心理健康教育的科学评估和客观评价。

最后，大数据有利于提供心理健康虚拟化辅导。传统的心理健康疏导服务以面对面沟通、心理测量或者团体辅导形式为主，受教育者由于情绪、隐私等原因，表达沟通不够全面客观。在基于大数据建立的心理健康教育平台上，心理健康教育工作者能够准确掌握受教育者的完整动态信息，保护受教育者的个人隐私，突破时空限制，以图片、文字、视频、语音等形式，有效与受教育者进行多元互动，为受教育者提供非面对面的虚拟化心理辅导，全面提升心理健康服务成效。

二、课程德育视角下德育的战略定位

课程德育是新时代大学教育围绕立德树人根本任务提出的崭新课程理念和德育模式，是对党的教育方针政策的贯彻与落实，符合并彰显我国以德为先的教育理念，适应并推动我国高等教育现代化，但也给大学专业课程、教学活动、师生关系、德育工作等带来不适与疑虑。在破旧立新、深化改革过程中需要从目标、课程、主体、发展等层面明晰课程德育在大学教育中的战略定位，以此确认其存在的合理性、发展的科学性与价值的有效性。

（一）目标定位：培育具有完整人格的时代新人

培养什么样的人，是教育的首要问题，也是大学教育回归育人本真需要回答的基本问题。中国特色社会主义进入新时代，培养担当民族复兴大任的时代新人成为大学教育的具体育人目标。马克思指出，人的存在状态先后经历从"人的依赖关系"到以"物的依赖关系"为基础的人的独立性再到建立在个人全面发展和他们共同的社会生产能力成为他们的社会财富这一基础上的自由个性的变迁三个阶段。[①]

----

① 王学俭.改革开放与马克思主义理论发展[M].兰州：兰州大学出版社，2010.

　　新时代我国要坚持马克思主义指导地位，坚持社会主义办学方向，落实立德树人根本任务，培育德智体美劳全面发展的社会主义建设者和接班人。这个论断从思想理论与现实发展双层逻辑明确了大学教育培养的时代新人是德智体美劳全面发展、具有自由个性的完整的人。而"德"以自身鲜明的时代规范性、价值导向性、意义旨归性，成为时代新人的首要特质，也成为时代新人能够担当民族复兴大任的关键所在。只有"立德"正确，才能"树人"，课程德育正是在明晰"德"对于人之成为人的根本性、人之成为担当民族复兴大任的时代新人的重要性的基础上，以充分发挥大学专业课程的德育价值为着力点，塑造时代新人饱满的精神世界与完整的个性人格的。

　　新时代中国特色社会主义之德是融汇在中华优秀传统文化、党的革命文化、社会主义先进文化之中的中华优秀传统美德、党的革命道德、社会主义道德的有机统一体，分别指向民族性格、红色品格、理想人格的塑造和培育。时代新人作为中华民族的历史延续与当代体现，民族性格对其来说是人之成为人的根基，充分展现其思维方式、伦理规范、行为习惯等方面的民族气质，是其印刻和厚植民族特性，铭记和传承民族精神，担负和践行民族复兴使命的内在要求；时代新人作为党的后备力量与未来中坚，红色品格对其来说是人之成为人的柱石，充分展现其思想观念、意志品质、行为作风等方面的红色底蕴，是其坚定和巩固政治立场、传承和发扬红色精神、牢记初心使命奋力逐梦的基本要求；时代新人作为社会主义事业的建设者和接班人，理想人格对其来说是人之成为人的灵魂，充分展现其理想信念、价值理念、道德观念等方面的社会主义魅力，是其生成与确立社会主义特质，展现与彰显社会主义精神，自觉与自信共产主义事业的根本要求。民族性格、红色品格、理想人格相融相撑，一体存在，共同构成担当民族复兴大任时代新人的完整人格形态，这为课程德育明确育人目标提供了基本指向。课程德育所立之德是中国特色社会主义之德，所育之人是担当民族复兴大任的时代新人，其在大学专业课程促进学生德智体美劳全面发展的基础上更加强调"德"之养成，虽然各专业课程的德育价值生长点和强弱程度不同，但并不妨碍其围绕中华优秀传统美德、党的革命道德、社会主义道德挖掘自身的德育元素，启迪和引导学生在追求自身生存所需的知识技能的基础上，加深其身为民族人而具有的民族性、身为建设者与接班人而具有的革命性与先进性，确立自身的民族性格、红色品格与理想人格，实现自身的完整塑造与意义生成。由此，课程德育的目标定位在于着眼大学教育立德树人根本任务，培育具有民族性格、红色品格、理想人格，德智体美劳全面发展的担当民族复兴大任的时代新人。

（二）课程定位：确立大学教育崭新的课程形态

课程形态是课程内容及其教学实施方式的动态组合样态，其演进变迁充分反映教育理念与教育目标的改革发展。我国大学教育经历了从传统以人的世界为研究对象，以儒家、法家等学说为分类标准，以经典著作为课程内容，以开放性辩论为实施方式的课程形态，到近现代以物质世界为研究对象，以学科为分类标准，以专业知识技能为课程内容，以封闭式讲授为实施方式的课程形态的发展。我国传统的大学教育内在地推动了大学教育科学化、结构化与体系化的发展，很大程度上使教育精神琐碎化，教育内容分割化，教育方式机械化，特别是使人作为研究对象在教育层面被物化，在一定程度上造成人的精神世界的失落以及整体性的缺失。德国哲学家赫尔巴特曾提出"完整未分隔的思想群"观点，他认为必须依据各学科及其内部之间的联系整合而成大思想群，对人形成完整的影响。

因此，全面深化课程改革，寻求和确立大学教育崭新的课程形态成为规避现行大学课程形态弊端，推进教育内涵式发展与实现现代化的必然要求。课程德育作为以大学专业课程为基础探索德育新理念新模式的形式，不仅指向大学德育场域的拓展与延伸，而且也内蕴专业课程的整合与重组，为大学课程形态的改革创新提供条件与途径。

一般来说，专业课程的整合重组主要包括专业课程之间、专业课程内部及其实施方法的结构调整与功能优化。课程德育正是从这三个层面着力，建构自身的生存空间与存在形态，助力大学教育确立崭新的课程形态。从专业课程的整合重组来说，课程德育打破了传统的由学科制引发的课程知识之间的封闭状态，将德育课程内容与其他专业课程内容有机组合，将德育课程的专属职能与其他专业课程教育功能合理融合，从大学教育的宏观层面确立德育新形态，并以德育融入为着力点推动专业课程形成工具性和价值性相统一的课程形态。从专业课程内的整合重组来说，课程德育改变传统专业课程的科学性与人文性相分离的存在状态，从知识教育与人的生存意义关系维度建构全面育人的课程观，从课程知识内容、教材编排与实施方式等维度挖掘和提炼其所蕴含的道德元素与伦理意义，将课程知识传授的科学精神与价值引领的人文关怀相结合，从专业课程的具体层面确立真正符合教育本真的课程形态。从实施方法的整合重组来说，课程德育破除传统专业课程重显性教学，轻隐性疏导的方法困境，注重在显性知识教育中贯通隐性德育生成，在隐性德育实施中凝聚知识底蕴，将德育的隐性教育方法融入枯燥乏味的课程知识教育之中，使其更加具有情趣温度、人文魅力，以此从微观层面确立显性与隐性实施方法相融相通的课程形态。课程德育充分体现大学教育走向融合发展、全面育人的重要趋势，其必然推进德育与专业课程知识教育的有机整合，也必然带动各专业课程内部要素及其实施方式的结构体系优化与德育功能强化，形成工具性与价值性相统一、科学性与人文性相统一、显性与隐性相统一的大学教育崭新课程形态，使其形成一个具有内在统一性的和谐有机体，推进其在新时代的稳步创新发展。

（三）主体定位：生成课程教学的和谐师生关系

长期以来，我国教育理论界在教师与学生"谁是教育主体"问题上始终存在争论，并先后提出"单主体论""双主体论""主体间性论"等观点，目前已经形成教师与学生均为教育主体的基本共识，这为确立大学课程德育的主体逻辑提供了坚实理论基础。

马克思在《1844 年经济学哲学手稿》中指出了作为主体的人的特质是具有"自由的有意识的活动"，在《共产党宣言》中生动地描绘了作为主体的人的形象是"每个人的自由全面发展"，可以说作为主体的人必须具备两方面的特性：一是主观能动性；二是自由全面发展。然而在当前大学教育中作为主体的学生这两方面特性都处于不同程度的失落状态，并因此造成了师生关系的紧张与疏离，具体表现在学生自由全面发展的需求与学科课程教师专业授课之间的矛盾关系；教师主导地位高扬与学生主体渴求之间的矛盾关系。

师生关系是大学教育中最基本、最核心的人际关系，其和谐程度直接关乎教育教学质量与学生健康发展。因此，如何破解这"主体性"双重矛盾关系，构建和谐师生关系，成为大学教育深化改革须面对的重要难题，课程德育的提出无疑为其提供了有效的解决方案。[①]

课程德育虽然对专业课程的育人理念、教材内容、教学方式等提出了德育要求，但归根结底需要通过教师与学生的共同"在场"得以实现，并以德育元素的融入对教师与学生的交往关系产生深刻影响。从教师层面来说，课程德育使德育成为大学全部专业课程教师的神圣使命，专业课程教师不仅是专业教师，也是灵魂导师；不仅要关注学生成为某领域专门人才的求知与求真需求，也要聚焦学生形成完整人格的精神价值需求；不仅要强调自身所属学科专业课程的

---

① 陈新汉，邱仁富.坚持社会主义核心价值体系研究中的问题意识 [M].上海：上海大学出版社，2014.

重要性，也要将眼界视阈拓展到德育课程内容的价值性，以此促使专业课程教师思想观念与角色功能发生转变与完善，自觉将德育融入自身的教学理念、教学内容、教学方法之中，做到教书和育人相统一，有效满足学生自由全面发展的需要，缓解师生间的供需矛盾。

从教学方式层面来说，课程德育强调在课程知识疏导的过程中潜移默化地形成对学生的道德影响，师生平等互动、对话交流、合作探究是其基本特征，"独白式""填鸭式"的纯粹说教和理论灌输无法实现专业课程的德育目标。这不仅要求教师要授之以知、晓之以理、动之以情、导之以行地实施德育，做到言传与身教的统一，还要求其尊重学生的主体地位，激发学生自主自觉意识，引导学生积极参与课堂教学，将教师的主导作用与学生主体作用相统一，以破解师生间角色与功能的矛盾关系。

从学生层面来说，课程德育的价值不在于知识本身而在于对学生的意义，不在于规范限制而在于对学生的灵魂启迪。课程德育立德树人与铸魂育人的目标导向内蕴满足学生自由全面发展的需求，其以德为先、以学生为本的价值理念尊重学生发挥自身主体作用，引导学生不做忽视自身成长发展的"被动接受者""冷眼旁观者"，正确认知课程德育的价值与自身的"不完整性"，自主自觉地与教师共同建构课程意义并塑造自身完美的精神境界，以此驱动生成和谐的师生关系。

德国哲学家雅斯贝尔斯曾言："教育是人与人主体间的交流活动。"课程德育使作为教育主体的教师与学生超越传统隔阂与机械交往的关系，在德育精神层面上形成相互关怀、相互理解、共享共建的和谐师生关系，助力彼此协同自由全面发展。

（四）发展定位：完善中国特色的"大德育"格局

德育在我国整个国家教育体系中长期处于首要位置与核心地位，特别是改革开放以来经过不断调整与探索初步形成具有中国特色的"大德育"格局。这里的"大德育"格局不仅指向德育内涵由德育延伸至德育教育、政治教育、思想教育等，而且还指向德育覆盖由德育课程拓展到实践活动、校园文化、制度安排以及家庭、社会的协同德育等方面。从内涵层面来说，德育延伸不是德育泛化的表现，而是由我国政治与道德相结合的独特德育历史、人与社会和谐发展的独特德育文化、坚定社会主义方向与追求民族复兴梦想相统一的独特德育国情所决定的具体意蕴。

从覆盖层面来说，德育拓展不是德育分散的表现，而是整合与凝聚各种教育资源与力量，形成全员、全过程、全方位的德育格局。进入新时代，我国提出"发展具有中国特色、世界水平的现代教育"的伟大教育理想，这是加快推进我国教育现代化，办好人民满意的教育使其同我国综合国力和国际地位相匹配的必然要求。而当前发展具有中国特色、世界水平的现代教育的关键要义就在于完善具有中国特色的"大德育"格局，课程德育为其提供了生长点与突破口。

在较长一段时间里，我国的"大德育"格局主要停留在发展理念层面，实践操作动力不足、着力不够，而课程德育能够从课程理念、课程内容、课程覆盖等方面使"大德育"格局落地生根。从课程理念层面来说，课程德育是"大德育"观在课程建设层面的具体体现，是对我国"育人为本、德育为先"教育理念与"德育融入教育教学的各个环节"教育政策的坚决贯彻，赋予以知识教育为主要任务的专业课程强烈的德育色彩与使命。特别是在东西方文化碰撞、多元文化思潮渗入大学校园的背景下，课程理念不可避免地受到影响，德育的融入使专业课程能够处于德育关怀之下，在课程设计、课程教学、课程评价、育人目标等方面保持正确的价值取向。从课程内容层面来说，课程德育是将中华优秀传统文化、党的革命文化、社会主义先进文化与专业课程内蕴的科学精神、人文精神相结合，使社会主义事业发展之大德、社会和谐之公德、个人成长之私德通过各专业课程内容或显或隐地呈现出来，确立人之成为社会人、民族人、时代人、社会主义建设者和接班人的德育内容体系。从课程覆盖层面来说，课程德育是将德育提升到整个大学教育和所有教师与学生的教学活动的高度来定位，使大学全部课程有计划、有组织地开展德育活动，全员教师始终担负德育使命从事德育工作，全体学生始终处于一种"零距离"和"全天候"的德育状态，呈现"课课都是德育课程、人人都是德育教师、处处都是德育环境"的美好育人图景。

新时代我国教育事业发展进入一个加速期，"大德育"格局传承中华民族崇德重教的优秀文化传统，彰显中国特色社会主义教育的优越性，成为建设具有中国特色、世界水平的现代教育的重要举措。课程德育融合大学教育的课程、教师、学生三大基本要素，共同支撑具有中国特色的"大德育"格局发展，塑造符合教育规律、体现时代特征、具有中国特色的高校德育模式。

第四节 高校德育发展的多元背景

一、大数据背景下的高校德育

（一）高校德育创新在大数据背景下的可行性

1.大数据开辟了高校学生德育的新途径

学校和社会是传统高校德育的主要场所。学校教育渠道较为单一，课堂成为学生德育的主阵地，因此在学生德育中，学校占据了重要地位。现阶段网络环境对大学生产生了较大影响，网络信息直接影响了大学生的价值观。高校学生生活阅历较浅，如果处在复杂的社会环境中容易受到不良信息的诱导。而大数据时代背景下高校开辟了学生德育的新途径。

调查显示，大学生智能手机的使用率已达 100%，大学生对网络媒介的依赖程度越来越高。大数据背景下，高校学生的生活和学习都呈现出了数字化特征，因此德育也需要顺应这一趋势，借助网络和大数据技术开展学生德育工作。高校教育工作者们将大数据技术与德育有机结合在一起，可进一步提高德育的实效性。

2.大数据丰富了高校学生德育的内容

大数据时代未到来之前，高校对学生的德育主要是借助课本、主流媒体网站、国家级电视台等，单一的教学渠道可使高校学生发出一样的声音。而在大数据背景下，高校学生可以轻松接触各方的信息，如微信、微博等社会化新媒体为学生提供了获取舆论信息的新途径，这些舆论信息正可以作为高校学生德育的素材，教育工作者们借助这些舆论素材可以对学生进行德育，能起到拓展教学资源的作用。

此外，高校的教育工作者可以借助网络平台进行学习，接受最新的时代教育，并开展线上教育，将传统课堂教育与线上教育相结合，强化对学生思想政治的引导。

3.大数据成为高校学生德育工作新载体

现阶段大数据已经成为高校开展德育工作的新载体。随着科技的发展，越来越多的学校开始进行智慧校园建设，高校学生的日常生活、学习情况、活动情况都可以被记录在统一的数据库中。

举例来说，智慧校园中的数据服务器可以记录学生的在校表现、校园消费、借阅图书、考试、体育活动、归宿等情况。学生们日常可以使用互动交流软件，如微信、微博、QQ 等。他们在上面发表的言论、转发的日志等也会被记录在智慧校园的运营商服务器中。

此外，还有学生网购情况、网络影音资料下载情况、打网络游戏的情况等也会纳入其中。而教育工作者正可以利用大数据技术从服务器中筛选出有价值的数据资料，了解学生近期的思想行为变化，及时发现他们存在的问题。

4. 大数据丰富了高校学生德育的新方法

高校学生德育借助大数据技术可以进一步完善教育环境。网络与大数据的有机结合可以构建出与学生生活更加贴近的校园网络，教育工作者利用校园网络可以渗透对学生的德育。

举例来说，教育工作者借助校园网络平台可以组织学生开展各种征文比赛，借助征文比赛调动学生参与国家政策和时事新闻讨论的积极性，使学生在参与时事讨论中树立正确的价值观、人生观和世界观。

（二）高校德育在大数据背景下面临的机遇与挑战

高校学生德育在大数据背景下面临许多机遇。一是便于教育工作者们开展个性化教学，德育工作者们借助大数据技术开展教学工作可明显提高教学有效性。大数据技术下，教育工作者可以结合每个学生实际情况对他们进行个性化教育，能更好地对学生整体思想动态进行把控。二是大数据技术丰富了高校学生德育的途径，教育工作者借助各种各样的新媒体可以及时了解学生的思想动态，并筛选出有价值的网络信息丰富德育内容。现实生活中的素材更能引起学生对德育知识的兴趣。高校教育工作者在认识到大数据为德育所带来机遇的同时，也要正视德育面对的挑战。比如不少地区受经济条件的限制，有些学校互联网还未全面普及；不同学校对网络技术的认识程度不同，也拉大了教育上的数字鸿沟；还有的高校学生缺乏一定的辨别能力，容易受到网络上不良信息的误导，低俗信息如果掺杂在大数据信息中会对学生的文化品位带来一定影响，这对德育工作者来说是一项不小的挑战。

（三）高校德育在大数据背景下创新与发展的路径选择

1. 树立大数据意识，强化德育工作者数据处理能力

高校德育工作者需要对数据有较高的敏感性。德育工作者需要认识到高校

的学生是使用数据频率较高的群体，他们每天会花大量的时间在网上查阅资料、浏览新闻、消费购物。如果德育工作者不能有效利用这些数据，将造成数据资源的浪费。德育工作者只有从这些数据中辨别出有价值的信息，提高对数据的敏感性，才可以了解学生的思想动态和价值取向，进而提高学生德育的实效性。

此外，高校德育工作者还需要提高数据处理能力，包括收集能力、分析能力等。针对目前我国部分高校数据处理能力偏低的问题，学校可以加强与专业机构的合作，根据自身对学生德育的需求交由专业机构去分析数据，还可以培养学校内部数据处理的专业人才，在专业人才的帮助下创新发展学生德育工作。高校德育工作者还需要找准大数据背景下学生德育的切入点。比如，高校德育工作者可以对学生的网页浏览情况、图书馆阅读记录等进行分析，了解学生的思想动态，更有针对性地开展德育工作。

2. 构建大数据应用平台，提高学生德育的技术性

高校德育工作要有效运用大数据技术，提高该门学科的技术性。首先高校需要构建德育多部门联动管理机制，该管理机制可有效解决高校各部门之间缺乏联系、各自为政、对接无效等问题。在多部门联动机制下可促进各部门间的信息共享，加快信息传递的速度。因此，高校各部门也需要牢固树立大数据意识，形成多部门联动的德育体系。其次，高校在学生德育中还需要借助大数据技术构建"云课堂"。云课堂作为一种新型教学模式，可满足学生在线教育的要求，促使原本的思想政治课堂教学更具开放性。高校德育需要与大数据技术有机结合在一起，构建主体突出、重点明确、形式新颖的云课堂。云课堂可以将学生喜闻乐见的内容融入其中，满足学生随时随地学习的需要。最后，高校德育还需要教育工作者们有效借助大数据技术来了解学生的思想动态。德育工作者可以借助大数据技术对学生生活和学习中的数据进行分析，判断学生的价值观、个性品质与思想动态。德育工作者还可以借助大数据技术绘制学生思想动态图，并对思想动态图异常的学生重点关注，及时发现问题，进行及时引导和纠正。

3. 完善大数据应用方面的法律法规，规避伦理困境

大数据时代下，数据的保存权、使用权、采集权等变得尤为重要，不可避免会产生新的伦理危机。针对此种问题就需要我国从法律法规的层面上加强对数据各项权利的保护，对数据的知情权、所有权、使用权等权利做进一步明确。高校也需要制定数据使用的各项规章制度，并加强对从业人员的职业德育，要求德育工作者只能将学生个人隐私数据用于教育和教学研究。完善的法律和法规可避免大数据时代背景下的伦理问题。

二、网络新媒体背景下的高校德育

随着互联网的发展与计算机普及程度的提高，手机、电脑等已成为现代大学生学习生活中不可或缺的工具，学生们通过互联网享受着科技发展带来的成果，比如多样化的网课、电子书以及新颖的消费方式等。

（一）网络新媒体的基础特征

1. 隐匿性与开放性

因为网络的便利性，现实中存在的区域性壁垒被打破，大学生们能够接触到更多的信息，了解更多的内容。同时由于网络的开放性，大学生们可以在网络中自由表达自己的观点，并在观点与观点的撞击中实现信息的共享。网络能够让不同地区、不同国家、不同民族、不同信仰的大学生共同参与同一个话题的研究与讨论。

随着互联网技术的发展，新媒体模式逐渐打破了传统媒体的垄断性，被更多人了解并使用。同时，由于网络媒体上的信息来源无法明确，并且有关部门对网络的监管机制仍不健全，因此，互联网新媒体存在诸多弊端，这些弊端的存在为心怀不轨的人提供了机会。虽然如此，合理使用网络新媒体仍然能够为大学生们提供便利，能够为大学生们进行知识碰撞提供良好的环境。

2. 数据信息的即时性与巨量性

当前是一个数据呈现井喷式发展的大数据时代，随着互联网信息技术的发展与普及，新媒体的出现给人们带来了更多的选择。而与传统媒体不同的是，网络新媒体具有更强的即时性。随着自媒体概念的出现，人人都可以成为信息的发布者与传播者。由于监管机制尚不健全，并且信息的发布限制较少，网络新媒体的信息呈现出爆发式增长的态势。

比如，微博的流行能够让发生在个人身边的事情第一时间通过互联网扩散出去，同时，由于网络新媒体对于信息的言论限制较少，使网络信息的扩展性与丰富性得到了巨大的发展可能。随着信息流不断扩大，网络信息数据逐渐碎片化，这些碎片的存在直接导致部分有用的信息在海量数据中被淹没。

3. 信息传播呈现出了数字化与个性化的发展趋势

在新媒体时代，以网络为载体的信息传播以数字技术为基础技术支撑，通过互联网社交平台进行信息扩散。因此，网络新媒体在信息传播上具有数字化的基础特征，即将繁杂的信息通过互联网转变为数据或数字的形式，通过相应的工具将这些数据转变为能够被计算机识别的代码，再通过互联网进行数据下载，最后以文字、图片、音频、视频的方式进行表达。

在新媒体时代，为了迎合互联网消费者的需求，多数平台会通过大数据技术收集消费者的信息，通过收集、整理、分类以及归档来分析消费者的喜好，从而精准地向消费者推送符合需求的商品或信息。随着网络发展，大学生的需求在不断增加，而网络媒体信息寻找的难度越来越大。

因此，提供个性化服务成了目前多数购物类、新闻类、阅读类网站平台的必备功能。随着大学生消费能力的提升以及手机等移动客户端的普及，手机与电脑成了大学生学习与交流的主要工具，大学生通过互联网能够快速且全面地了解国内外的最新事件。但同时网络新媒体对于大学生来说也是双刃剑，在教育界中，网络新媒体的发展不仅为教育事业的发展提供了新的发展路径，同时也为现代大学生德育工作的开展带来了新的问题。

（二）网络新媒体环境下的德育现状

1. 缺乏完善的德育平台

我国目前虽然诸多高校构建了大学生德育的互联网平台，但在实际应用中却没有将其存在的优势体现出来。一些高校在德育互联网平台建设中仅流于形式，并且一些高校的教学模式落后，教学方法与现代教育理念脱轨，直接导致这些高校的德育平台建设缺乏"重点"。长此以往，大学生德育平台的构建不仅会失去既定效果，学生也会失去对德育课程的学习兴趣。甚至目前部分高校在进行德育时依然采用传统的课堂教学方式，在教学内容与教学模式上缺乏科学性，没有与现代互联网新媒体相结合的教学方式对现在的大学生缺乏足够的吸引力，这不仅不能提高学生的学习兴趣，还会降低学生的学习效率，无法完成现代大学生德育的教学目标。

2. 缺乏对于网络新媒体教育的重视

互联网技术发展迅猛，部分高校的管理人员以及教师缺乏对互联网新媒体的重视，意识不到互联网的重要性，而且部分年龄较大的教师长期受到传统思想与教育理念的影响，对新鲜事物的接受能力较差。同时，网络游戏对大学生有一定的吸引力，自制力较差的学生可能会沉迷于网络世界，出现成绩下降、社交变差等问题，这也是直接影响网络新媒体在大学生德育中应用的原因之一。

3. 大学生德育缺乏针对性

人与人之间都存在一定的差异性，性格、能力、家境、外貌等，每个人都是独立的个体，看待同一个问题会有不同的看法。在互联网背景下，学生们接收到的信息多种多样，学生们的思想与个性发展的差异性更大。而部分高校和教育工作者并没有意识到这一点，由于受传统教育方式的影响，这些高校和教育工作者在开展德育工作时采取的是统一的教育方式，没有根据不同学生的特点给予有针对性的教育，导致大学生德育工作的开展缺乏针对性。

（三）网络新媒体背景下高校德育的创新性发展策略

1. 借用网络新媒体技术优化大学生德育平台建设

网络新媒体技术在人们生活中的地位越来越重要，为了更好地开展大学生德育工作，高校应当合理利用网络新媒体技术，加强校园德育平台建设。在具体的操作中首先要做好相关的宣传工作，比如通过校园网或者学校的官方微博、论坛等平台对学生与老师进行相关内容的普及与推广；其次通过互联网平台将学生的日常学习与德育进行有机结合，并结合现代大学生的实际状况进行德育平台建设，鼓励学生在这个平台中提出自己的想法。

对于开展大学生德育工作而言，首先，高校应当鼓励引导大学生关注校园内的各种信息，并在一定的范围内让学生参与到校园规划中。其次，高校的网络德育平台建设要符合校园文化特色，符合现代大学生的需求，这样才能使德育平台建设顺利。最后，平台的建设应当拥有评价功能，满足学生信息交流的需求，这样能够有效提升学生的参与积极性，从而营造良好的校园氛围。

2. 加强校园网络新媒体德育团队建设

高校开展大学生网络新媒体德育工作，团队建设是保证其工作顺利开展的基础内容之一。为提升高校网络德育工作团队的素质，我们需要不断强化教育工作者的教育意识，使其树立以人为本的德育理念，不断学习新的教育思想方法，同时加强对新事物、新技术的学习，从而将网络新媒体技术融入课堂教学当中，为大学生德育平台建设提供有效支撑。

3. 加强网络新媒体在大学生德育中的针对性

在具体的实施中，网络新媒体大学生德育平台的对象要明确以大学生为主。首先，要充分了解现代大学生的需求与性格特征，并根据其特点构建网络教育平台。其次，在工作中要贴合这些特点采取多样化的创新性教育方式与内容，在满足学生使用需求的基础上激发他们的兴趣。最后，平台建设要严格避免外来信息的干扰，并制定一定的行为规范，潜移默化中提升大学生的思想政治觉悟，为社会培养综合性人才。①

---

① 郭亮.数字化背景下教育信息化模式变革机制探究 [J]. 信息与电脑（理论版），2017（2）：252-253.

三、隆平精神文化背景下的高校德育

（一）隆平精神文化融入高校德育的价值

1.有助于培养大学生的创新精神和顽强拼搏精神

袁隆平作为一位研究杂交水稻的科研人员，他的一生都奉献给了中国的杂交水稻事业。在他漫长的科研人生中，形成了独特的隆平精神，具体可概括为不畏艰辛、执着探求、大胆创新、勇攀高峰的创新意识和拼搏精神。这种科学研究精神具有一定的教化作用，高校可以以隆平精神作为德育内容，培养学生的创新精神和顽强拼搏精神，鼓励学生在学习、生活和工作中敢于打破常规、开拓创新，积极实践。

2.有助于培养大学生的职业道德和职业操守

袁隆平的职业教育精神可以概括为教育教学岗位上的教书育人、传道解惑、启发诱导和以身作则，科研岗位上的辛勤钻研、无私奉献和理论联系实际。袁隆平的这种始终强调责任奉献和整体利益的职业教育精神要求每个人都必须根据职责要求尽义务、守道德，是高校培养学生职业道德和职业操守的重要内容。

3.有助于培养大学生的社会公德

袁隆平的道德品质精神体现在袁隆平的为人处事上，体现在袁隆平的科学研究和教育实践中。他在与学生、研究团队及同行之间的交往中处处体现出他高尚的道德品质，对学生、徒弟、同行的无私奉献，对国家的忧国忧民和爱国情怀，以及在工作上的吃苦耐劳精神，这些都是隆平精神文化道德品质的重要内容。因此，在高校学生的德育建设工作中，必须继承和弘扬袁隆平道德品质精神，培养学生无私奉献、爱国忧民、团结协作、淡泊名利、吃苦耐劳的品质。

（二）隆平精神文化背景下的高校德育发展路径

笔者针对隆平精神文化背景下的高校德育发展路径，提出以下对策。

1.改善德育内容泛化现状，重视德育的全面性和实际性

高校要重视德育的全面性和实际性，把隆平精神文化纳入学生德育体系，改变德育内容泛化的现状，不断加强学生的品德修养。作为高校的德育工作者，要解读隆平精神文化的内涵，适时地将隆平精神文化的科学研究精神、职业教育精神和道德品质精神等内容与高校德育工作相结合，细化原本的德育内容，并有效发挥德育的教育功能。

在日常的德育工作过程中，一方面，教师要将隆平精神作为德育工作的重

要内容，让学生清楚理解隆平精神的内涵和意义，培养学生的创新精神和拼搏精神，提升学生的素质和能力，为其未来更好地走向职业岗位奠定坚实的基础；另一方面，教师要把隆平职业精神、隆平道德品质作为德育工作的核心内容，在课程教学中渗透隆平职业素养、道德品质的内容，加强课程思政建设力度，以切实的精神文化为基础，使学校德育走出道德真空，落到社会现实。

2. 借鉴现代化传播手段，丰富高校德育方法

随着现代科学技术的发展，人们交流信息和传播文化的方式也在变化，由过去的口耳相传和书籍传承转变为现在的书籍、人、网络、现代视音设备的综合使用。高校德育思想传播也应该借鉴现代化的传播工具，以宣传隆平精神为中心，多种工具并行。

一方面，高校要加强现代网络技术的运用，拓展德育空间，建设融思想性、趣味性、教育性三位于一体的隆平精神文化宣传网页或网站，将隆平精神文化的职业精神、道德品质、科研精神融入德育教育。另一方面，教师可以利用流行的社交软件创造性地传播隆平精神。如高校可以建立微信公众号，要求学生必须关注学院微信公众号并完成规定任务，教师要充分利用微信的舆论导向、文化传播、思想交流的作用，将微信作为宣传隆平精神的重要手段。

3. 整合和创新德育形式，提高德育实效性

以往的高校德育形式偏重于教师传授的传统教育方式，但现在，高校德育形式应该顺应时代发展，不断进行整合和创新，采取多样化的德育方式。具体实施过程中，高校德育工作者可以将隆平精神文化与高校文化特色、专业特色相结合，把隆平精神文化与课堂教授、文化比赛、参观学习、校史学习、网络学习（宣传片、动画或影视作品）等多种形式结合起来，创新德育形式，提高德育效果。

通常，高校可以举办以隆平精神为主题的专题教学、文化艺术活动、辩论活动及网络学习活动，利用隆平精神文化中"奉献、创新、务实、协作、团队"的精神内核对学生进行励志教育、爱国教育、团队和奉献意识教育，提高德育实效性。

4. 创建隆平校园文化，建设德育环境

学校师生对校园文化的认同是对蕴含在校园文化中的深层次的价值观念、道德体系的认同。高校德育的变革应该始于学校内部，在校内进行德育环境变革。营造德育文化环境要把隆平精神文化和学校校园文化建设、德育环境建设有机结合起来。高校要创建隆平校园文化，宣传袁隆平的道德品质，形成学校

全员学袁隆平的氛围,让学生在日常的生活和学习中受到隆平精神潜移默化的影响。

对此,一方面,高校要加强德育硬环境建设,如设置全院学隆平的标语、隆平文化宣传栏、杂交水稻展览馆、杂交水稻纪念园等;另一方面,高校要重视德育软环境建设,如举办以隆平精神为主题的知识比赛、文化艺术节等。在隆平精神的基础上建设软、硬德育环境,可把德育的显性课程和隐性教育结合起来,从而促进高校德育发展。

总之,基于隆平精神文化的德育新理念可以促进德育内容更具全面性、涵盖性;促进德育培养工具更具丰富性,更加现代化;促进德育教育形式更加多样化、更具创新性;使德育环境友好化、广阔化,进而促进高校德育发展。

第二章　高校德育的现状审视与思考

改革开放以来，我国的经济、科技、文化得到了迅速的发展，与世界接轨的程度也越来越高，随之而来的是各种冲击，高校德育也不能幸免。当前高校德育出现德育地位边缘化、德育效力弱化、德育内容僵硬滞后、德育实践和理论脱节等情况。本章分为高校德育的现状、高校德育存在的主要问题、高校德育存在问题的原因分析三部分。主要内容包括大学生的道德现状分析、高校德育工作现状分析等方面。

第一节　高校德育的现状

一、大学生的道德现状

（一）部分大学生政治意识薄弱，缺少远大的理想

经济全球化下，西方不同的文化涌入冲击着我国的传统文化。一方面，部分大学生缺乏正确的政治认识，他们的政治敏锐性不高，难以将个人利益与国家利益结合起来，价值观、人生观、世界观受到不同文化的影响；另一方面，部分大学生受西方思想影响，职业规划、人生规划不同程度地受到了影响。

（二）部分大学生自我意识强烈，缺乏社会责任感

当代大学生大多是独生子女，在家庭中受到长辈无尽的关爱与呵护，因此，部分大学生性格比较自我。此外，因为一些社会不良风气的影响，部分大学生将个人利益放在第一位，认为只有金钱和地位才是学习的动力，对国家富强、民族统一熟视无睹，社会责任感缺失严重。在这种错误认知的影响下，部分学生将实现个人利益作为最终的人生目标，甚至为了实现目标而不择手段，致使他们深陷唯利是图的泥潭而无法自拔。

（三）部分大学生道德水平较低，行为举止不规范

受社会和家庭的影响，一些大学生对公共道德观并没有一个准确的认识。一方面，在人际交往的过程中，他们都只看重自己的利益，忽视了合作与团结的重要性；另一方面，他们在公共场合做不到举止规范、遵守秩序，表现出我行我素、纪律涣散的态度，这对维护社会公共秩序是极为不利的。

（四）部分大学生心理问题突出，自我管理水平低

随着社会的发展，大学生就业压力日益增大，德育教育面临的问题逐渐增多，其中最突出的问题就是学生的心理问题，部分大学生自我意识强烈、生命观念淡薄、抗压能力较差。群体性和自我管理水平低下对德育提出了较高要求。

二、高校德育工作现状

（一）德育工作受网络信息的冲击大

21 世纪，社会快速发展，信息化技术的更新与推广优化了资源配置，有利于大学生自身素质的提高，但信息交流的便利性也夹杂了许多负面信息。大学生在浏览网页、参与游戏时会受到一些不文明现象的冲击，利己、唯利是图、享乐至上思想时有出现，这对大学生自我价值观的塑造极其不利，导致德育工作处于艰辛的境地。

（二）德育工作在高校教育中占比不大

虽然广大教育工作者已经意识到德育的重要性，各学校也提出响亮的口号，如"百年教育，德育为先""立德树人"等。但在日常教学中，德育所占的比重不大，微课、翻转课堂等新型教育方式更多地重视知识与技能的传授，这明显与德育工作的迫切性和紧迫性相背离。

（三）德育工作方法和内容不符合时代要求

高校德育应该是一种现代公民教育，在教育目标上应该具有层次性。德育必须坚持党的教育方针，坚持社会主义办学方向，但是对马克思主义的信仰、对中国共产党的信任、对社会主义道路的信心不是一日形成的，更不是所有人的认识都是相同的，学生之间必然会有不同差异。一些高校老师在授课时对学生"大水漫灌"，在进行理想、信念、价值观教育时，讲述过于"高、大、上"；在进行马克思主义信仰教育时不能以联系、发展的观点教育学生，总是守着旧本本进行强硬"灌输"；在社会主义核心价值观教学中往往脱离学生实际和社会现实空谈价值，长此以往，使高校德育有假、大、空之嫌。

在实际德育过程中，部分教师不分学生的专业、来源和个性特征，用一本讲义、一个课件、一种教学方式面对所有学生。对不同班级、不同学生面临的实际问题和面临的困惑没有进行详细了解。加之学生人数众多、课时有限，老师很难充分了解学生，而且单一形式的德育方法极易引起学生的逆反心理，也就导致了德育效果不尽如人意。高校德育不仅仅是理论知识的灌输，更重要的是培养学生的道德情感、道德意志，养成道德行为。

道德认知需要理论知识的灌输，道德情感、意志、行为的培养不是依靠灌输起作用的，必须使用多种教育方法，让学生在不知不觉中、潜移默化中得到熏陶，这就必须在教育方法上下功夫，在教育内容上深入思考，充分调动学生学习的主动性，使学生主动将德育理论知识与实践活动相结合。社会发展不断加快，每一天，甚至每一刻、每一秒都会有新情况出现，在不断变化的时代里，新的情况、新的事物更能激发大学生的兴趣。基于此，高校德育要想达到理想的教育效果，必定不能局限于对教材的阐述，而应该与社会变化接轨，用德育的视角思维去解释当下的变化。

高校德育的"德"主要体现在道德原则及其规范的形成上，"育"主要是指帮助大学生树立符合时代的价值观和世界观。随着社会的不断发展，高校德育也出现了多元化趋势。世界各国高校都根据其国家的历史、传统、文化及具体国情，来培养大学生的世界观、人生观、价值观及道德观。

同时，全球经济、政治、文化和信息不断融合、交流，为各国高校德育之间的相互借鉴、相互学习提供了便利。各国高校都将德育国际化、多样化放在了极为重要的地位，在面对不同的理论成果和民族文化、传统冲突中，更加注重理性选择，去粗取精、去伪存真，使其更加符合本国德育需要。与此同时，各国对本国的文化意识进行强化教育更加注重德育的民族性，充分挖掘本民族德育的闪光点，尽可能抵制其他民族文化对本民族文化的冲击。德育实践的国际性表明，多元、多样的德育理论知识和现代道德实践二者缺一不可。

如今，学校教育更加强调个体的个性自由，强调教育的最终目的是寻求人们的自由发展。但也必须明确社会现实不可只重视个人的"极度自由"，更强调的是个人在现代社会中如何就个人的充分自由发展和其承担社会责任、履行社会义务相平衡，保证个人拥有个性自由的时候能够不妨碍他人同样的自由。无论是衣食住行等日常生活还是全球环境、世界和平等国际大事，都需要保持个性自由发展与社会责任的适度平衡。因此，我国高校德育过程中在培养有道德、有理想、有文化、有纪律的青年人时应更加注重培养学生的集体意识、合作意识。

（四）德育工作环境与其理想状态尚有差距

大学生德育环境是指围绕并影响大学生思想道德品质形成、发展的环境要素的总和。人类的实践活动与其环境之间是相互影响、相互作用的，而且这种影响是综合性的。当然，对环境影响力最大、最直接的因素是利益，人们奋斗的一切，都同他们的利益息息相关。大学生的德育实践活动丰富多彩、错综复杂，呈现出一种综合力，影响着周围的环境，而周围的环境系统也会反作用于大学生，从而产生综合性的效应。

马克思主义认为，人们接受环境的影响不是消极的、被动的，而是积极、能动的实践过程。在这一过程中，利益因素是人们最为关注的，实现自身利益最大化是每个人做出决定前所优先考虑的。伴随着社会主义市场经济的不断发展，利益主体更加多元化、利益群体关系更加复杂化，各种社会利益矛盾与日俱增，这给大学生的利益选择带来很大困难。在这种状况下，个人的私欲往往膨胀，拜金主义、享乐主义、极端个人主义的情绪往往也会很快滋长。由于社会环境中追求个人经济利益最大化的现象不断出现，学生在社会中接收的负能量信息更多，逐步影响清净的校园生活，也使学生利益至上的观念不断出现。学生对事物的选择也更加偏向现实化，人们眼中的成功与否，在不知不觉中被更改了标准。

校园环境以"滴水穿石"的方式潜移默化地影响着大学生的身心健康。当前，我国高校正面临着国际化、市场化的竞争压力，全球高校、国内高校之间在人才队伍、科研经费、社会服务等方面的竞争不可避免，这也导致高校内不同程度地存在轻视或者忽视德育培养的现象，无论是老师还是学生更多的是注重科研成果的获得，而忽视了德育方面的学习。

随着我国经济的飞速发展，现代化的教育技术也在不断影响着大学校园，无论是课堂之上还是下课之后，学生的生活和学习都早已无法离开网络。在这种情况下，学生比老师有更多的时间和精力去网络上获得不同的信息，这其中难免会有与老师课堂讲解的内容相悖的理论，导致一些学生在思维方式上产生混乱，导致德育建设受到影响。

家庭环境对学生的影响是巨大的。家庭教育的影响贯穿人的一生，这是学校教育、社会教育等无法替代的，甚至在人的性格、品质等方面的形成、发展上，是其他教育所无法比拟的。在学生的成长过程中，家庭状况对其心理健康程度以及性格的形成都具有重要影响，父母是"教育主体"，起主导作用，孩子则是"受教育者"，接受父母教育。当然，这种主客体划分是相对的，而且它们之间相互影响、相互作用，有时主客体之间还会转换。因此，父母对孩子的教育方法、内容，对家庭环境的营造等对孩子的德育是极为重要的。大学时期学生的独立意识增强，但是又离不开家庭的支持，尤其是经济帮助。因此，在独立意识的支配下，大学生内心想活出全新的自我，以独立的姿态在社会中交往，但又因为没有经济来源，其独立人格往往受到限制，这就要求家庭支持、父母理解，尽量为他们良好道德行为的养成营造宽松的环境。

总之，大学生在良好道德形成发展的过程中，其所接受的家庭教育、学校教育、社会教育在目标上、价值追求上应该是一致的。德育环境对于德育而言，既是引发德育活动的动机，又提供了德育活动开展的条件；既影响德育活动的过程，又体现着德育活动的功能和价值。德育环境是德育活动及大学生的品德形成和发展的外部条件和客观基础。德育环境不仅决定德育的指导思想、目标、方针、原则，而且德育的内容、实施也由它提供原材料信息和场景，构筑德育切实可行的"教育平台"。[①]

（五）德育工作与当代大学生发展特点契合程度不理想

多年来，高校德育工作在提升大学生整体道德素质水平方面功不可没，也取得了不少实际成效。时代在进步，高校德育工作不能仅停留在某一阶段或满足于部分成果，要紧随时代发展的脚步吸收融合、改进创新，做到与时代同频共振，焕发出新的活力。然而，在实际推进过程中，高校德育并未很好地与当代大学生身心发展特点相结合，出现了契合程度不理想的问题。

首先，高校对当代大学生的身心发展特点不甚了解，无法完全把握大学生的心理诉求和价值取向。大学生的生理发展已经相当于成人，但是心理发展往往没有和生理发展同步，从而产生身心发展的差距，容易形成自我的矛盾认知。在这种自我矛盾认知的影响下，大学生容易形成有是非分辨能力但意志薄弱、向往自由却难逃依赖、渴望独立又总需帮助、追求个性但易入歧途的性格特点。因此，高校在开展德育时，要求教师既要了解教材教法，又要了解学生，但部分高校存在着从事教学的教师因与学生接触较少，对于不同大学生的心理诉求和价值取向了解不够全面也不够精准的问题，而那些了解学生的教师例如班主任、辅导员等却不从事教学的状况。授课教师无法针对每一个大学生的志趣、能力等具体情况展开不同的教育，只是传授一些普遍性的知识，大学生因接受程度不一，难免出现德育知识不能够被充分接受和吸收的情况。在面对大学生

---

① 常青伟.思想政治教育环境渗透研究[M].苏州：苏州大学出版社，2015.

出现的心理问题或情感障碍时，因为教师对学生不了解，也无法迅速做出准确预判、防范、沟通或协助，使德育工作与大学生发展的契合程度不尽理想。

其次，对高校德育实践的创新探索思路不宽。新时代，国家对人才的要求发生了变化，高校德育工作内容也随之发生变化，面对思维活跃、个性鲜明的大学生群体，高校德育实践的创新性还有很大提升空间。大学生德育实践活动的开展，一方面需要结合学生阶段身心发展的特征和现实需求，另一方面还需要采取灵活多样的实践方式，这样才能收到良好的德育效果。

最后，德育理论结合德育实践，在实施过程中面临某些现实阻力。德育理论结合德育实践对大学生进行道德培育，在短期内不易收到显著成效，因为需要花费时间和精力，这会占用大学生学习专业课的时间，进而导致参与德育实践的那部分学生考试成绩低于其他学生，从而在择业就业或评优评奖时受到影响，挫伤大学生参与德育实践的积极性。

（六）德育师资队伍素养不高

诸多教育实践证明，教师自身素养的高低对教育教学效果有着直接的影响。而在高校德育教育中，教师德育素养不高已经成为制约德育教育效果提升的重要因素。具体来说，体现在以下几方面。

其一，重视程度不够。如今，虽然各个高校在积极倡导和推进德育教育，但整体而言，缺乏对德育教育的重视度，德育教育的开展可谓是寸步难行。其二，德育认知不足。虽然德育教育对大学生的学习与发展均大有裨益，但是部分教师的德育认知较为匮乏，不懂得如何践行德育，也不懂得采用与大学生实际相契合的方法来进行德育教学，造成德育教育的趣味性缺失，学生德育学习兴趣不足，使德育教育的实际效果不尽如人意。

（七）德育资源的有效利用率不高

德育资源是高校实施德育的基础资源，也是确保高校德育工作顺利开展的必要条件。当前，在"立德树人"教育根本任务的引领下，高校对中华传统文化、红色文化等优秀德育资源的积极开发与探索在不断推进，但利用过程中仍存在着部分德育资源被忽视和闲置的情况。

高校对优秀德育资源的利用率有待提升，主要体现在：首先，高校对于现有德育资源的利用不足。当前，许多传统优秀德育资源并没有很好地融入高校立德树人工作中，虽然部分高校为提高大学生的道德素养也开设了相关德育课程并融入了一些优秀传统德育资源，但是这些课程在日常教学中大都只是对传统德育资源中的典故或事件进行简单的讲解、介绍，深入道德层面和文化层面的探讨较少，欠缺对典故背后德育价值的探索。而且，当前高校的德育实践，虽大部分做到内容丰富、形式多样，且能以学生喜闻乐见的形式推广出去，但依旧缺乏对大学生道德言行的监督，以及缺乏针对他们参与德育实践后个人体悟或自我反思的引领，不少学生一时好奇图个新鲜、凑凑热闹，时间一久就烟消云散，如此，德育资源的利用价值大打折扣。

其次，高校对于隐性德育资源的开发欠缺。隐性德育是相对显性德育而言的，它同样是高校德育的有机组成部分。区别于显性德育资源，隐性德育资源是使大学生在无意识中获取德育知识、养成良好道德习惯的教育资源，它主要体现在教育者的言行示范、校风班风舍风、校园环境设施、同龄人的日常举止等中，潜移默化地影响着大学生道德品性的形成。这种"了无痕迹"的教育，往往可以帮助高校收获意想不到的德育成效。

当前，不少高校开展大学生德育工作时，将着力点放在思想政治教育课堂或社会实践上，忽视对隐性德育资源的开发利用，对教育者自身道德素质的考核、校园环境设施的建设、大学生道德榜样事迹的推广宣传、校风班风舍风建设在每一位大学生身上的具体落实等，都尚未建立起一套完整的评估体系或具体的量化指标，使校园隐性德育资源作用的发挥不尽如人意。

最后，德育的育人周期较长，高校开展大学生德育、提高大学生道德修养，应该是一个常态化且不间断的过程，短期内不易取得显著成效。人类认知规律的反复性决定了德育具有反复性和长期性，因此德育过程也是一个长期积累、逐步提升的过程。现实中部分德育施教者在进行德育时往往寄希望于通过较短时间的教育达到最佳效果，让大学生实现彻底蜕变，不免有操之过急之嫌。加之部分高校尚未对大学生的道德培育做出全面系统的统筹规划，只是在部分环节进行加强，这就使高校的德育资源无法被有效利用，长此以往不利于大学生的道德培养。

（八）高校德育管理存在较多问题

1. 德育课程管理问题

（1）管理价值目标不够明确

高校德育课程管理目标，即在开展德育课程前所预先设定和规划的、所要达到的成果标准，此内容从根本上决定了德育课程的发展方向。高校存在德育课程管理价值目标不够明确的问题，具体表现在以下三个方面。

首先，课程管理目标本身目的性不够明确。高校德育课程目标的设立必须要紧紧结合国家的教育理念、方针政策以及当下的社会需求，不仅如此，也要将学校自身的教育水平纳入考虑范围。在对国家政策理念进行深刻解读的基础上，针对学校德育现状和现实需求进行德育目标的设定，以此指导德育课程管理工作的高效进行。但是，在这些问题的把握上，部分高校并没有形成一个相对全面和系统的目标设计方案，使课程的内容与德育课程目标契合度降低。德育课程管理者并不能很好地站在全局的角度将德育课程与普通课程进行融合，使管理目标设计的科学性较低，明确性不足。课程管理目标的模糊会直接导致高校德育课程设置和管理的混乱，使授课内容与德育需求无法形成有效的对接，进而影响德育课程的质量。

其次，高校德育课程管理目标缺少前瞻性，不能与时俱进。任何事物想要持续存在均需要进行不断改进和发展，高校德育课程管理须与时代的需求、社会的发展同步，以此为依托及时做出调整。目前，高校德育课程管理目标在设置上存在脱节现象，与时代和社会的需求缺少科学性关联。具体表现为大量沿袭传统德育课程管理方案、照搬固有的德育课程管理目标、对社会和受教育者的实际需求充耳不闻，致使德育课程管理目标过于陈旧，缺少实践价值。

最后，德育课程目标在设定过程中，缺少对教育对象有针对性和指向性的规范，无法很好地做到"因材施教"。目前，高校在进行德育课程的设置、开展中，大多数采用"一刀切"的形式，即按照固有的德育大纲或教学计划进行教学，不能充分了解各个阶段或者不同层次学生的德育需求和接受程度。一方面，高校缺少对学生的考察，仅站在固有经验的角度进行德育课程管理目标的设立。从学生的生源地和家庭背景来看，每个人的成长环境和生活环境也存在一定的差异，但高校在进行德育课程目标管理时大多数采取按部就班的形式，一定程度上忽视了学生自身及其客观方面的需求。另一方面，高校欠缺德育课程管理目标革新意识，无法做到对固有目标的扬弃，也无法做到对先进理念的引进，使德育课程管理工作陷入僵局。

（2）德育课程内容设置不合理

德育课程内容设置不合理是高校德育课程管理过程中一个比较突出的问题，具体体现在以下几个方面。

首先，课程设置单一。这里所指的课程设置单一在一定程度上可以理解为模式的传统和内容的僵化。目前，我国对德育工作越发重视，前后出台许多文件来促进其健康发展，并提倡在"以人为本"的基础上展开相关工作。而部分高校未能完全掌握文件提倡的理论内核所在，仅从优化或改革德育课程管理的目的出发，忽视了德育的基础——德育课程本身。根据调查，目前部分高校所采取的部分德育课程教材的内容仍过多沿袭传统，较少或不加入新的、符合时代需求的内容。科学的德育课程设置要求学校在开展德育知识性教学的同时，投入相应的精力到德育环境的营造中，即满足社会和学生隐性德育课程的需求。这一点又体现出高校在德育课程设置方面的单一性，也是对隐性德育课程的忽视。

其次，德育课程内容存在局限性。高校德育课程内容涵盖范围基本限于政治、经济、哲学、法律以及职业道德等方面，并且内容范围几乎处于稳定不变的封闭状态。课程主要包含马克思主义基本原理、毛泽东思想和中国特色社会主义理论体系概述、中国近代史纲要、思想道德修养与法律基础、形式与政策、习近平重要讲话专题辅导、职业发展规划、大学生健康教育等。高校德育采用的教材版本虽两年更新一次，但内容上的创新性和新颖程度却无法满足学生的主体要求和时代发展要求，并且在课程内容选择方面也不能与前沿内容有效对接。这样的封闭循环在客观上导致德育课程的内容逐渐固定、陈旧，无法及时接收新的社会需求，进而导致德育课程难以焕发新的生机。

最后，德育课程内容的设置缺乏趣味性。目前，大多数学校和教师往往依据教学大纲进行课程设置，机械地完成教学任务，在此过程中未能充分关注学生兴趣点，课程缺乏趣味性。德育课程教学是教师与学生双向配合的过程，从教师的角度看，在选择德育课程内容和教学手段时要同时兼顾课程本身的时效性和趣味性，激发学生的学习信心。从学生的角度看，学生应积极发挥主观能动性，配合教师和学校，完成德育课程的学习，掌握德育课程的要点，并在日常的学习和生活中学以致用。因此，德育课程内容设置问题是德育课程实施质量的重要影响因素之一，学校和管理者应当对其内容的科学性、趣味性给予更多的关注。

（3）德育课程管理方法陈旧

目前，德育课程的管理方法相对陈旧，教师在进行知识传授的过程中大多采用灌输式教育，将事先准备好的知识和内容按照预先设定的形式进行输出，在整个输出的过程中学生只需要扮演接收者即可。所以，课程教育带给学生的更多的是理论与观点，而无法使学生真正在一个开放和自由的环境中学习，也无法通过自身的感知获得新的观点，具体表现为以下两个方面。

首先，目前德育课程管理方式过多沿用传统，略显陈旧。德育课程管理方式的更新是为了最大限度地保证德育目标的实现，也可以将德育课程管理方式理解为"路标"，学生要在路标的指引下完成学业。与此同时，德育方法的先进性与德育的实效性存在着极为紧密的联系。现如今我国的发展已经进入快车道，新生事物层出不穷，社会对高素质人才的需求也更为迫切。这一点无疑对我国高校的教育质量和教育能力提出了更高的要求。但并不是所有的高校都能深刻的认识这一点，许多高校仍将德育课程或者德育课程管理局限在传统的模式中。在德育课程管理工作的开展方面，很多高校并没有一个完善的课程管理体系或者管理队伍，一味沿用过去的经验和方法，使德育课程管理水平止步不前。因此，突破传统、推陈出新成了优化德育课程管理方法的关键所在，需要得到全体德育课程管理人员的重视。

其次，德育课程管理方式与新兴事物衔接出现断层。随着市场经济的不断发展，新媒体技术以及网络已经渗透到人们生活的各个角落，互联网也逐渐成为事物谋求新时期发展的强大依托。部分高校在进行德育课程管理方式和媒介的选择时，并不能很好地与互联网技术进行衔接。即便高校在课程实施和开展中会借助网络技术渠道，但受到课程管理者和教育者自身技术水平和管理方法思路的限制，互联网等高技术方法的应用范围仍然狭窄，并不能完全满足课程发展的客观需求。德育课程管理方式创新的欠缺也在客观上限制了德育课程自身的更新，扩大了社会需求与教育自身发展的鸿沟，同时加大了高校德育课程的实施和创新难度。

（4）德育课程管理队伍力量薄弱

在德育课程管理过程中，德育工作管理人员往往占据着主导地位，德育方向的制定、德育课程内容的筛选以及德育管理方式的选择均由其负责。所以，德育课程管理队伍的素质水平是影响德育课程管理最终质量的重要因素。调查显示，部分高校的德育课程管理队伍综合素质水平较低、力量薄弱，具体表现在以下几个方面。

首先，德育课程管理者的自身素质较低。在德育课程管理队伍中领导者占据主要地位，德育课程管理者的能力和水平影响着德育课程的管理工作。高校的部分教师并不能真正理解德育的内涵以及德育课程实施的真正目的，在日常的教学工作中大多数教师倾向于按部就班地完成教学大纲所规定的内容，并不会主动参与到德育工作的拓展和创新中去，未能及时汲取最新的德育理念，致使整体的德育课程管理队伍水平和综合素质薄弱。具体表现为，德育课程管理者无法准确洞悉社会的发展趋势和德育课程管理工作的漏洞，无法满足新时期国家和社会对高校德育课程管理的新要求。

其次，德育课程管理主体单一。高校将德育规划为思想政治课程和学生思想辅导，具体通过以思想政治课的形式教授学生道德知识、以辅导员思想辅导的形式进行道德塑造。无论是上述的任何一种形式，教育者或者课程的管理者均为教师，即学生只能从教师的身上领会德育的真谛，这样单一的主体形式无疑是不够的。不仅如此，教师和辅导员本身的能力和精力也是有限的，无法关注到每个人，被遗漏的学生无法享受到平等关怀。因此，学校在关注德育课程管理体系优化升级的过程中，也应对德育管理工作本身的主体广泛性进行考量，将德育管理的主体进行多样化拓展，最大限度地促进多样化、高质量德育管理队伍的形成，有效克服高校德育课程管理主体单一和德育管理队伍素质偏低的问题。

（5）课程评价与监督机制不健全

部分高校的德育课程评价与监督机制不健全主要表现为德育课程评价机制的短缺，无法形成科学、全面的评价体系，在客观上影响德育课程管理工作本身的成效。其表现出来的不健全主要体现在以下几个方面。

首先，现有的德育课程评价体系无法将定性与定量有机结合。德育课程评价问题简单来说就是一种监督，一种对德育课程实施效果的监督，而德育课程评价体系就是针对课程体系设立的监督机制。高校德育课程管理队伍缺少科学的评价监督机制，在评价和监督工作进行之前无法对现有的德育课程成果和内容进行性质和等级的认定，使整个评价、监督过程不够科学。在实际的实施过程中，高校管理者很少花费精力在监督和评价体系构建方面，致使高校德育工作的评价机制停滞不前。德育课程以及德育课程管理在没有批评、没有监督的环境下，想要得到进一步的提升或者是优化难度很大。即现有对德育课程的评估往往局限在期末课业成绩的反馈上，德育课程的评价方式局限于汇报和课业成绩，这样主观的评价方式并不能全面地展现德育课程的实施质量和管理水平，降低了评价结果的客观性，进而影响了德育课程的实施质量。

其次，在进行德育课程评价的内容方面，更多的是对课堂知识和书本内容的考查，只在乎考卷水平而忽视学生真正吸收多少，这样的评价方式是片面且不公正的，更加容易出现知识考试与品行考评不相符的现象。期末对所学的德育知识单纯以试卷的形式进行检验，从试卷的成绩反馈学生对德育知识的接受程度，这无疑是不全面的，如果仅依靠这种方法进行考量则无法获得准确的德育课程评估结果。在错误评估结论的指引下，后续德育课程的开展和管理都无法获得科学有效的指导，进而影响德育课程的管理和实施质量。

2. 管理机制运行问题

新时期高校德育管理机制运行中主要存在以下几方面的问题：组织载体待健全、激励方法待创新、评价方式待优化、监督形式待完善及保障体系待改进等。由此可见，高校德育管理机制面临众多挑战，任重而道远。

（1）德育管理组织载体待健全

首先，部分高校功利主义倾向严重。其次，组织部门的某些工作人员存在得过且过、扯皮推诿、消极懈怠等情绪，"管理就是服务"的价值追求未被普遍认可。最后，机制运行中存在部门协调不力的状况，具体表现为以下三个方面：一是部分部门设置与运行程序不够合理，党政不分的现象比较明显；二是部分部门间权责不清，疏于管理或管理混乱；三是部分部门间利益分配和协调过程不完善。这种与高校德育管理实际相脱离的组织现状，导致高校德育管理机制运行中教育效应的递减与管理资源的浪费。此外，部分高校德育管理组织队伍力量薄弱，具体表现为数量不充足、队伍不稳定、部分德育工作者素质不高等，这些问题严重影响了高校德育管理实效。

（2）德育管理激励方法待创新

首先，激励意识淡薄。在行为纪律管理方面，部分教师采取"硬性措施与惩罚"的管理方式，这种漠视激励价值的管理倾向，容易激化师生间的矛盾，进而影响管理成效。其次，激励方式单一。部分教师在对学生传达规则与惩罚制度的过程中，较少考虑学生的真实需求与内心感受。例如，部分高校对违反管理规定的学生多采取公示的惩罚方式，殊不知这样的方式会令学生感到屈辱，且容易诱发学生的负面情绪甚至是极端行为。最后，激励技巧不足。部分高校教师不善于把握激励的最佳时机与场合，轻视甚至忽视激励的教育作用。此外，部分教师的自我情绪控制力欠佳，他们在与学生谈话时往往态度生硬，缺乏情感交流，容易引起学生的反感、厌恶等消极情绪。

（3）德育管理评价方式待优化

首先，评价偏离内容。部分高校在评价实施过程中，往往过分强调"共性"，一味追求统一与标准，忽视了学生的个体差异。其次，评价主体单一。"学生评价是教育评价的核心"，新时期高校德育管理评价的核心一般包括学生与老师"双主体"。在传统的评价过程中，部分教师经常站在"制高点"并享有绝对权威，学生则陷入被动，因而学生的主体性特征不明显，导致部分评价内容流于形式，得不到有效的评价反馈。最后，评价缺乏一体化。当前部分高校德育管理评价存在着理论与实践脱节的情况，评价标准与评价方式不够多元化，评价要素间彼此割裂。例如部分学校重品德评价轻德育过程评价、重定性评价轻定量评价等问题，需要在今后的工作中引起重视。

（4）德育管理监督形式待完善

首先，监督方式缺失。学生群体的监督意识不够强烈，部分师生带有"参与惰性"，使管理监督实效性低下。当师生认为自己的监督行为得不到预期效果或监督成本较高时，往往选择"旁观"。其次，监督效能异化。网络的迅猛发展，为大学生提供了开放的信息互动方式，也为学生个体参与监督提供了便捷的平台。但值得注意的是，由于网络信息混杂，内容真假难辨，网络的虚拟与隐蔽容易使部分学生迷失自我，从而盲目地发布一些不实或不当的言论，扰乱良好的网络舆论监督秩序。最后，监督环境欠佳。主要表现在校园监督氛围不够，部分学校在校园环境管理工作上，并未凸显规范化与制度化，这种无序的管理氛围，使监督成效较低。

（5）德育管理保障体系待改进

首先，资金保障不足。由于各种原因高校财政分配比例很难做到均衡，容易造成资金需求量大但在德育管理中的投入不足的问题。其次，资源保障不足。高校德育管理的同类部门被逐级设立或重复设立，容易造成资源的浪费。具体表现为开发、整合及优化德育资源的力度与深度不足，资源闲置现象较明显。最后，制度保障不足。主要体现在制度缺乏灵活性，部分高校德育管理保障机制考核周期过长，评价标准缺乏灵活性，各高校的发展状况不同，但评价标准长期不变，这可能导致资源分配不均，资金得不到充分利用。[①]

第二节 高校德育存在问题的原因

一、德育实效性不强的原因

（一）高校德育课程师资队伍主体分工不清晰

通常，德育课程的工作主要落在教务处和德育教师身上，前者主要指学校行政管理部门，后者则是具体的任课教师。教育行政部门负责把握整体课程管理体系，授课教师则负责德育课程内容的讲授。两者各有侧重，但在实际的课程管理过程中往往容易出现分工不明和职务碾压的情况。并且由于两个课程主体隶属于不同的部门，因此在日常工作中的欠缺沟通，容易出现意见相左的问题，进而使德育课程管理队伍的综合力量薄弱，无法构建切实有效的德育课程管理机制。

（二）高校德育课程队伍无法形成连贯高效的管理环节

德育各环节隶属于不同部门，没有一个确定性的管理人员和行为规范，在具体工作中，职能的碾压使管理者在体系构建和决策上无法达成相对统一的

意见，进而导致管理环节的欠缺或者重复。课程管理体系本身的环节漏洞，并不能单一地通过课堂知识的充实或者监管力度的加强进行弥补，相应的管理环节的缺失不仅会在客观上影响监管评价机制的构建，还会成为德育成效低下的诱因。

（三）高校德育存在形式主义

随着我国高等教育事业的不断发展，当前部分高校只重视学校教学、科研及硬件设施建设，轻视了高校德育工作，德育工作呈现出一种口头上、文件上重视但实际上被弱化、虚化的状态。

随着市场经济的快速发展，功利主义和实用主义观念也影响了部分高等学校的建设，这也就导致部分高校德育的深层次作用被这些负面影响拉低。很多人认为，大学教育只要学生专业技能水平有所提高，教学目标就已经实现，这一片面的观点并未重视对学生"人"的培养，也忽略了以人为本的精神理念、更忽视了对学生人格以及个性等方面的完善。片面的德育观念导致部分高校并未在大学生德育工作方面给予真正重视。

到目前为止，我国部分高校在教育方面偏重知识传授与技能培养的观念和做法并没有实质转变。大学应该培养"德、智、体、美、劳"全面发展的人才，但现实是对智育的关注仍然高于德育。传统理念仍然影响着人们的行为，无论是教育者还是受教育者。传统理念被片面地理解为智育才是有用的教育，学习成绩被视作评价学生的唯一指标，"好学生"与"差学生"泾渭分明。

二、德育资源利用问题的原因

目前的德育资源利用中，对传统文化中优质德育资源的挖掘缺乏深度与广度。中华优秀传统文化凝聚着无穷的智慧结晶和深厚的文明力量，是现代文化得以永续发展的基础和源泉。利用传统文化开展德育在提升当代大学生的道德涵养和学识智慧等方面往往起到意想不到的作用。在德育中，充分发掘、研究我国传统文化中德育资源的精华内容，能够有效提高高校德育的质量，为当代青年的道德养成打下坚实基础。

然而，尽管中华上下五千年文化源远流长，经典文献、文学名著等资源丰富，但当前对这些经典文献、著作里所蕴藏的德育资源的研究与运用尚且不足，将这些优秀传统文化切实应用于高校立德树人工作的研究也还不多。

例如，目前部分高校在对传统德育资源挖掘时，较多地倾向于对有形的"物"如著作、文字、家谱等层面的关注，对德育资源中蕴藏的精神层面的挖掘较少；

有的高校对地方特色传统文化中德育资源的开发力度不足；部分高校德育资源的挖掘成果比较细碎，缺乏整体层面的探索等。

不仅如此，在高校日常教学中，尽管绝大部分教师都认为儒家文化与高校立德树人教育存在着关联，但有的专业课教师只有在讲课中涉及与道德相关的知识时，才会插入一些道德方面的事例或者启发，很少专门去挖掘一些传统文化知识对大学生的道德进行有目的、有计划的引导。究其原因主要有以下三点。

第一，部分高校在开展德育时追求立竿见影的效果，希望以较短的时间和较少的投入换取最大限度的改善，过分依赖短期的德育成效而忽视了德育本该是一个长期的培养过程。因此，在德育取材方面往往倾向于能够对大学生提供明确方向、直接影响或能较快达到德育目的的教育内容，对其他优秀传统德育资源的挖掘和利用则少之又少。

第二，在开展大学生德育时，仅停留在对传统文化形式上的传承，有流于"形式化"之嫌。"唐宋诗词热""国学热""汉服热"等席卷一时的风潮不得不引起我们的思考——这些看似轰轰烈烈的"文化复兴"热潮究竟收效如何？大学生对于优秀传统道德的吸收程度是否理想？有多少人是因为真正喜欢传统文化而非凑一时热闹？以这种方式进行德育是否过于简单化和表面化？由于不能充分挖掘传统文化的精华、借鉴优秀德育资源的成果，仅仅简单地提倡大学生需要做什么、不能做什么，较少去深入发掘优秀传统文化蕴含的历史背景或哲理哲思，也使传统文化的部分内容在高校德育过程中缺乏应有的可接受性。

第三，大学生本身对传统文化的了解缺乏深度。例如，在传统艺术方面，对豫剧、评剧、京剧或是黄梅戏感兴趣的学生不多；尽管大多数大学生对中华传统文化的未来发展持乐观态度，但在闲暇时，不少大学生还是会选择阅读小说漫画，而不是经史子集或古典文学；有的大学生穿汉服、练古琴只为图新鲜、凑热闹，并没有真正掌握这些服饰、乐器背后深层的文化意蕴；还有部分大学生只知传统节日，对于节日缘起或相关民风民俗却不甚了解等。[①]

三、德育管理工作问题的原因

（一）对德育课程的重要性认识不足

这里指的重要性可以归纳为德育课程管理存在的意义和必要性。一方面，部分高校认为德育目标仅需要关注德育课程本身，只要课程内容足够丰富就可以实现最终的德育目标。另一方面，学校很容易以学生的年龄作为衡量是否需

---

① 刘芳. 传统德育资源的当代挖掘与现代性转化 [J]. 学校党建与思想教育，2018（20）：31-33.

要德育管理的标准。基于大学生普遍年龄在 18 周岁之上，故将大学生定义为具有成熟价值观和合格道德水准的成年人，认为其可以依照自身已经形成的价值衡量标准对即将面临或者正在面临的困境做出合适的选择，忽视了德育工作的重要性，将教育重点放在专业知识和技能上面。

如此一来，教育资源和精力的分配不均使学生和教师本身对德育课程以及德育课程管理无法给予足够的重视，最终形不成良性循环，影响德育课程实施的质量和德育目标的实现。

（二）对落实德育课程紧迫性的认识不足

"紧迫性"并非指德育课程管理是否应当积极开展的紧迫程度，而是基于当前德育和德育课程管理工作是否科学、有效而产生的探讨。具体而言，高校德育课程管理问题的"紧迫性"主要来源于市场和社会的需求，即客观社会环境的变化对德育工作产生的新要求。经济全球化发展使国家间的交流和沟通日益密切，不断要求德育和德育课程管理对自身进行适时的优化和升级，以此满足社会和时代的需求。

反观目前高校德育课程现状，管理者并不能科学地体会或者洞察新的德育发展趋势，而是过多地坚守传统，强化专业教育，乃至向社会输送了少数三观不健全或者具有道德瑕疵的毕业生，这不仅阻碍德育的发展，而且在一定程度上还会给社会带来安全隐患。由此可见，对德育紧迫性的透彻认知可以在一定程度上避免德育课程管理不良、德育目标模糊和德育成果无法实现等问题的出现。

（三）相关德育理论知识不足

教育内容实质上是在总结前人经验和理论成果基础上加上新鲜的内涵，使其时刻蕴含时代的特征。我国对德育理论进行系统性的研究开始较晚，在一定程度上导致我国德育理论知识的匮乏。

第一，德育并不是一个新兴的研究课题，甚至对德育的研究可以说始终伴随着我国教育事业的发展。但更多的学者愿意将精力和研究方向放在新兴的课题和领域，因为这样很容易取得突破性的进展或者成果。这样一来，真正关于德育的系统性研究少之又少，或者研究者的研究大多数关注的是德育工作本身或者课程管理的本身，很少将两者有机结合起来进行研究，使该领域的研究成果缺乏、相关理论缺失。因此，德育理论的缺失和缺乏必然会导致德育课程内容设置上的欠缺和管理监督机制的陈旧等问题。

　　第二，部分高校内部编写和出台的德育和德育课程指导文件中，并不能明确地看到其依据的理论基础或者国家政策，未能很好地对德育课程管理相关文件政策进行系统性的解读。如对课程要达到什么目标、德育活动的原则和重点在哪、以什么标准评价普通高校的德育课程管理等关键性问题知之甚少。往往更多的是口号式内容，无法真正从文件中了解德育课程管理问题的发展现状和改革动态，将德育课程的管理问题局限在一个固定的模式之中，无法突破。这样一来，关键性理论缺失将影响德育课程实施的最终成效以及德育管理体系的构建。

第三章　新时代高校德育模式构建

作为高校教育的核心组成部分，高校德育模式的构建与发展是高校教育发展的基本前提，也是当今中国教育不可回避的重要课题。本章分为高校德育模式的分析、高校德育模式的构建两个部分。主要包括高校德育模式内涵、功能及发展背景分析，高校网络德育模式、体验德育模式和立体德育模式构建等内容。

第一节　高校德育模式

一、德育模式的内涵

德育模式是人们对形成德育效果的内在机制的描述，是在德育实践中产生的，是对德育经验的概括和总结，它集中体现了某一国家、地区、学校一定时期内德育经验和德育活动的特点①。

二、德育模式的功能

（一）认识功能

高校根据各自的需求和特点构建自己的德育模式，这样可以清楚地了解构成高校德育系统的各个要素，还能掌握德育系统要素之间的联结方式，从而把握高校德育系统的结构。在了解高校德育系统的构造以后，就可以了解德育系统的运行机制和形成过程，解释高校德育系统运行的背景、现状和发展趋势。

（二）实践功能

高校德育模式在认识的基础上，还能对高校德育的实践活动起到监督和指导作用，设立和调整高校德育教育团队和管理团队的结构，制定合理的高校德

---

① 初明利，范书生.高校德育新视野[M].天津：天津社会科学院出版社，2004.

育实践计划和实施过程，科学合理地选择适合高校自身的德育内容、形式和教学方法，培养高校德育教育人才。

三、国内外德育模式的实践借鉴

美国实用主义的集大成者、现代教育学创始人杜威提出并践行体验式德育理念。他倡导"经验学习"和"从做中学"理念，因而他也被称为体验式学习之父。杜威认为，德育过程所需的道德资源应该全面，想要真正得到本质上的成长，必须得通过实践活动来实现。在以往的历史实践中，个体道德认知、情感体验、道德行为都在一定程度上得到发展。从道德哲学层面来看，杜威试图调节西方长期以来经验主义和理性主义之间的关系，提出社会教育和个人经验间的关系，实际上就是体验式教育。这里的体验与经验之意略有不同，这是德育主体经亲身体验，全心投入之后，经过个人反馈反思的成长过程。杜威的《经历与教育》一书中也提出了"做中学"理论，后来这种体验式教育的理念传播到西方国家的教育领域。到现在，美国的大部分中学、高校，早已在课程设计中融入了体验式德育。

在国外，学者们对学校德育模式的研究也很多，例如，英国德育研究学者创立的体谅模式，美国的班杜拉创立的社会学习模式，柯尔伯格的道德认知发展模式等。目前德育模式主要分为两大类：规范化的德育模式和主体性德育模式。国外学者奥森认为，学校不应该是一座孤岛，它应该与社区是密不可分的，社区的资源能够为学校的德育提供教育资源。美国的学校开展德育工作，不是只在校内进行，还会与社区里其他单位合作，共同开展德育活动，同时还会邀请社区相关工作人员参与到德育活动中，利用社区的资源，邀请名人等对学生进行人生指导、职业生涯指导等。在俄罗斯，德育的途径主要包括带领学生去参观、访问以及进行社会实践等课外活动，例如带领学生去参观法院，帮助学生了解法院的运作、工作人员的工作等。另外，还会组织学生团体、科学小组等分析相应的社会热点问题，对社会问题进行实地调查，并引导学生寻求解决办法。

我国教育工作者为了摸索出适应我国国情现状的学校德育新模式，进行了长期的理论探索和不断的实践。德育模式主要有课程德育模式、学科德育模式、活动德育模式、班级德育模式（班级是实施德育模式的主要场所，是学生最直接接受德育的方式）、社会德育模式（这是通过社会教育机构宣传、社会舆论风向、社会人文环境影响教化学生，在无形中感染学生思想道德）和家庭德育模式（塑造高尚道德品质的重要起点）。

事实上，在过去这些年里，以上的各类德育模式对学校的德育工作起到了应有的作用，促进了学生的道德发展。然而，随着改革开放的深入，人们的思想逐渐多元化和个性化，我国现有的德育模式也早已显露出某些方面的瑕疵缺点。例如，在德育内容方面逐渐功利化、政治化；在德育方法上只注重知识的灌输，忽视对学生将认知转化为实践的过程的训练；在德育主体方面，只是教育者单方面输入，忽视了受教育者的主体地位；在德育途径方面，形式单一，缺乏与社会、家庭的联合。中国特色社会主义新时代社会的发展要求有新的德育模式，构建德育创新模式要在以往的德育模式的基础上取其精华、去其糟粕。以马克思主义认识论、系统论为理论基调，从学生的思想道德真实现状为出发点，结合学生的年龄特征、知识认知水平和接受能力范围来制定阶段发展的小目标和推行德育教育长远的大目标。当前，从地方各级教育行政部门到中央政府加强德育的呼声越来越高，对德育投入的关注度越来越高，但其效果微乎其微。当今社会是一个开放型的信息社会。社会生活环境错综复杂，这就警醒学校德育工作的开展必须适应新时代新要求，改革创新，开设适宜本区域、本学校学生的，并且是符合实际的、具体的、可操作的德育模式。

四、高校德育模式改革的动因

（一）社会环境的影响

高校德育是教育工作的一部分，与社会发展有着千丝万缕的联系。站在系统论的立场，若高校德育出现了问题，就不只是单纯的教育问题，暴露的是整个社会系统的不足。也就是说高校网络德育困境的根源是当今整个社会的系统性问题。以社会学专家的视角来看，社会的发展和转型，是从传统社会向现代社会的过渡转型，总的来说，也就是由农业社会向工业、信息化等社会形态转变，由农村向城市转变，由封闭或半封闭形式转为开放度高的全球化形式。相关研究人员指出，社会转型会使整个社会都发生一定的改变，展现的是社会前进的方向和形式，同时也会使大家的行为方式和思想观念出现极大的变化。下面将通过社会转型期中社会环境的因素来分析高校网络德育面临困境的原因。

1. 经济全球化的辐射

安东尼·吉登斯在《社会学》中提出：愈加开放的视野使人类的眼界得以提高，使人类对自己和社会的关系有所认识，从而使人类明白，自己的活动会给别人产生一定的影响，而其他人的问题也会使我们自己受到影响。我国在改革开放之后，逐渐开始了全球化进程，我国和世界其他国家形成了更加紧密的联系，实现了更加有效的沟通，尤其是自媒体的出现和发展，大家能够突破时间和空间的限制通过网端与另一个半球的人联络。但同时，经济全球化也对个人造成了某种程度上的冲击，给高校德育带来了一些不容忽视的影响。改革开放后，西方的思想观念渐渐传入我们国家，自媒体平台又为多元化的意识形态提供了传播渠道，这些多元化的价值观念如潮水般涌入，大学生的发展受到各种不同价值观念的影响，有些价值观念和目前较为单纯的高校德育产生了矛盾。

2. 信息化的普及

网络的不断发展使我们的生活逐渐走向了信息化和数字化，给我们的日常生活带来了较大的影响，而不断深入的信息化又使社会从传统媒体时代向自媒体时代过渡的进程加快。联合国教科文组织认为，高校在进行教育创新和发展时，必须要注重信息技术的运用，也就是说当信息技术真正融入教育领域时，教育就会出现新的形态，即我们经常提到的信息化教育。基于这一观点，高校教育信息化的基本目标就是信息化教育目标的达成，以确保信息技术充分运用于现代社会的教育过程中。在此背景中的德育发展便需要充分利用信息技术，通过情景设计、比较观察等具体形式，将相关主题作为主导方向，使学生可以在有关信息技术的协助下实现自主有效的思考，并在相关学习资源的支持下，通过与他人进行合作、沟通来实现德育目标。参照马克思主义辩证法，任何事物都是矛盾的统一体。在信息化时代，高校德育的信息化发展并非十全十美，不可避免地会对大学生产生负面影响。一方面，德育的信息化、沟通交流的网络化等时刻为大学生提供着学习工作和生活上的便利；另一方面，信息化带来的弊端也数不胜数，特别是信息化本身的一些缺陷，如虚拟性和无序性较强等，使大学生极易产生不良的价值观念。所以，信息化的发展虽然使高校德育的开展更加方便，却也无法避免地让其戴上了桎梏。

3. 市场经济的发展

20世纪末，具有中国特色的社会主义市场经济不断成熟，我国经济发展突飞猛进。市场经济有其优越性，促进了生产力的发展，提高了人们的生产积极性，改变了人们的物质生活，但市场经济的发展也带来了一系列的负面影响。市场经济的实质是千千万万的个人和商家之间的交易，人是市场经济的主体，如果想在市场经济中获得发展赚取利润，就必须得最大化地发挥个人优势，提高自身的核心竞争力。一部分大学生因认同这一经济理念，自身的个人主义道德倾向越发明显。大学生的个人主义道德倾向主要表现为以下几个方面。

第一，部分大学生追求独立自主的人格，以自我为中心，强调自身感受，常常忽视外界的看法。

第二，部分大学生不太在乎长远目标，及时享乐，认为理想不必定得太遥远，过好每一天才是王道。

第三，部分大学生在处理个人与个人、个人与集体、个人与社会的关系时，容易只在乎自身利益且过于强调平等，认为世界就应该弱肉强食，忽视中国几千年的优秀传统美德。市场经济的目标是实现利润最大化，逐利性是市场经济的一大特点，每个市场主体为了实现自己的经济利益，彼此相互竞争，忽视了合作制胜的道理。市场经济强调竞争，只有竞争才能创造出更大的生产力，才能促进社会的进步与繁荣，竞争要求每个市场主体抓住自己的利益和优势进行发展。一些大学生把经济领域的要求，简单地运用到道德生活中，只追求个人利益而置社会利益于不顾，背离我国集体利益优先的社会道德基本原则。市场经济的平等性特点，追求市场竞争的绝对公平，认为每个市场主体可以通过自己的努力获得相应的回报，一些大学生受其观点的影响，认为人与人之间也应该绝对平等。显然，这非常不利于大学生树立为人民服务的道德核心理念。

经济基础决定上层建筑，经济转型给社会带来的影响是巨大的。第一，在资源配置上，我国从计划体制转向了市场体制；第二，在个体和社会交往上，交往方式从封闭、半封闭的形态转向了更加开放更加自由的形态；第三，在工业化程度上，社会实现了更深层次的工业化和城镇化；第四，在经济所有制上，制度由原来较为简单、单纯的形式变得更加丰富多样；第五，在社会价值观上，价值观由原来的集体性和理想性变得更加现实和自由，由原来较为单纯变得更加复杂。这些都是市场化带给整个社会的影响。

与此同时，社会存在带来的影响导致社会意识也随之出现了一些变化。社会转型在意识层面的作用主要为以下几个方面：第一，它分化了国民意识。当经济逐渐市场化后，群众的逐利意识开始觉醒并逐渐加强，群众意识变得更加多元化。第二，社会心理需要进一步完善。经济的市场化加剧了竞争，使群众收入不断地拉开差距，从而使社会出现了阶层分化。这样一来，有些群众的不满心理加强，社会不稳定因素增加。第三，价值观越来越多样化。经济的市场化使社会中的价值观念越来越多样化。

相应地，这些社会意识会影响人们的社会行为，市场经济在社会行为上的作用主要表现在以下几个方面：第一，受多样化的价值观影响，社会行为也会产生多样化的特征。比如有人利益当先，在个人利益和集体利益相冲突的情况下永远都是选择前者。第二，市场经济使人与人之间的薪资待遇差距加大，这会引发一系列违反道德甚至法律法规的行为。第三，人们对主流价值观引导的行为缺乏基本稳定的价值判断，甚至产生了一些不良的行为活动。总体而言，经济的市场化使群众观念和群众行为都发生了巨大变化，而高校德育也随之产生了一定的变化。

（二）大学生自律能力不高

互联网给大学生提供了新的平台，这一平台没有太多束缚，学生的自主性和参与普遍性都得到很大提高。一组关于大学生使用网络的调查数据显示，54.5%的学生不会在自媒体网络上公开真实的个人信息，其中31.3%的学生浏览或打开过自媒体上的不良内容链接，至少四成的学生每天上网时间达10小时。这些数据反映出，在自媒体环境下，部分大学生对自媒体的选择能力和自律能力并不强，他们的价值选择是直线的，很少担心社会道德因素的制约。

（三）德育工作人员传统观念固化

高校德育的相关人员已经逐渐意识到自媒体在德育工作中的重要性，并对其进行了相关研究。现阶段，学界已经在理论层面获得了一些成果，特别是国外的研究人员，基于相关理论提出了体谅、德育认知发展、社会行动、价值分析等各种德育模式。虽然我国对这些方式进行了一定的学习和借鉴，但较少落实到具体的教学活动中。目前我国部分高等院校在进行德育活动时还是沿用传统的教学方法，固守传统的德育观念，存在一定的强制性。

比如，部分高等院校花费了较多的教育资源设立了德育理论课教学以及相关德育活动，但在学生中却没有产生较大的影响力，在教学效果上也没有较多的收获。高校德育工作者主要是通过课堂教学的途径将社会主流价值观、德育规范和政策法规等教授给学生，使学生产生正确的德育情感和德育认知，从而养成良好的品德习惯，实现"教书"和"育人"的双重目的。以学校、教师为主体的德育观念固然有其合理性，也取得了一定的效果，但是这样的德育观念在面对自媒体环境时却显示出了不适应性。高校德育工作人员如果始终坚守着这样的德育观念，便会认为自己享有充分的话语权和权威性。但自媒体是一种提倡开放性、自主性与互动性的技术平台，在这样的社会大背景下高校德育建设需要开放和与时俱进的思想作为指导。教育观念的更新是新一轮基础教育课程改革的客观要求，也是每一个教师所面临的永恒主题。如果高校德育工作人员依旧一味固守学校和教师的主体地位，那么高校德育终有一日将会不可避免地与社会脱节，与大学生脱离，从而失去其本该发挥的德育价值。

（四）高校德育信念不足

高等院校若想实现高效的德育，必须要具有一定的理想，同时守护和弘扬学校的品格和灵魂，这是所有高等院校必须坚持的信念。对理想的坚持可以帮助高等院校及其学生在当今社会中保持自我品格。即使不能做到"遗世独立"，也要有一枚定心丸来使高等院校在时代潮流中有所坚守和坚持，从而使社会有更明确的前进方向。大学生在大学这座象牙塔里学习与生活，不应被逐渐物欲化的社会所影响，他们应当有自己的精神追求、养成自身的德性。高等教育的目标不仅仅是培养人才，还包括科研和社会服务，这些都对社会和国家的发展具有重要的意义。

第二节 高校德育模式的构建

一、高校网络德育模式的构建

（一）高校网络德育相关研究

1. 网络德育

我国的网络德育研究起步较晚，在 1994 年 Internet 专线连接后，互联网才开始出现在我国，之后快速渗透至社会生活。同一时期，校园德育领域中的网络德育开始被相关人士重视，并成为各大院校在进行德育工作时重点关注的内容和领域。

2003 年，学界开始出现网络与德育教育结合的新理念，与之相关的研究工作也深受国内外学者的关注。通过以上研究得知，通过参考发达国家的网络信息工作，亦可总结出适用于我国网络道德建设、高校德育研究工作的理论知识，得出真实性较高的研究成果。

之后，学者们对网络技术、文化及载体等进行了分析，并阐述了与之相关的概念、内容及特质。而且，学者们还针对网络德育的措施、途径加以探讨，总结出大量有利于网络德育发展的结论，更全面地诠释了网络与高校德育工作之间的关系，同时它们也成为高校网络德育的理论基础。

为更好地推进网络德育的发展，我国还设立了网络伦理、德育等专题网站。国内有较高知名度的网络伦理网站是我国第一个专业水平较高的网络伦理学研究网站，也是北京大学传授相关内容时选用的伦理中心网站，甚至被称为中国网络文明工程。

我国针对网络德育发布了一系列法规和公约，还以网络道德法规建设为主题进行了研讨。我国开展了各种活动，目的就是营造健康、安全的上网环境。为了更好地管理、建设网络，网络文明工程组委会还组织了一系列研讨会，并针对上文所讲述的相关问题进行了研究和探讨，试图找出合理的管理方式和建设途径，经过了多年的研究和发展，我国在网络德育方面确实颇有建树，但仍有不足。比如我国目前的网络德育研究工作，仍然以对网络现象、网络影响的阐述为主，并未深入。大部分学者在研究该领域时仍以理论研究为主，并未通过实践探讨、实证研究获取真实性较高的研究结论。另外，就目前的研究成果而言，我国针对优化网络德育环境建立科学的网络德育体系、构建合理的德育模式而开展的科学化研究工作并不多。

2. 高校网络德育

目前我国针对高校的网络教育研究大致可以分为以下几方面。

（1）关于高等网络德育内容的研究

这部分研究内容主要是理顺网络德育的核心内容。我国学者柴世钦和肖继军研究后总结出：当专业人士利用网络这一平台，对大学生进行德育时，必须通过思想、伦理、政治、心理以及网络等方面，制成完善度较高的教育方案并落实，使学生通过网络接受德育。学者张鸿燕则认为如果利用网络平台对大学生开展德育工作，必须将五爱、产权意识以及道德判断、奉献精神等作为主要的德育内容。

（2）高校网络德育的对策研究

该部分内容的重点是针对网络时代给德育工作带来的冲击与影响，制定出合理的解决措施，寻找适合高校网络德育工作的开展方式。面对这一问题，我国的学者们从多个角度去思考，找出了符合当下网络特征的应对方式。学者程振设认为优化改善校内网络，就必须在校园的网络平台上开展教育活动、开发与德育相关的软件、制作德育视频，这些均可吸引学生的注意力；此外，还需针对德育工作建立起完善度较高的规章制度，尽可能提高网络行为的规范性，营造出有利于学生成长和网络德育工作发展的校园文化环境。学者孟静雅主要针对高校的网络管理方式加以阐述，如清华大学就针对学生宿舍的区域网制定了相应的制度，当学生并未遵循制度的规定时，将受到相应的惩罚。雷小生认为高校在开展网络德育工作时，不仅要建立针对性的网站，还需注重网络环境的监督力度，营造出良好的网络环境，只有这样才可以针对当前的网络教育，建立起完善的网络德育模式。

（3）高校网络德育的实效性研究

研究这部分内容时，学者们认为需考虑德育工作的效率。相关部门早在2001年就以北京的部分高校为调查对象，研究了各高校的网络德育工作，最终总结出各大高校网络德育的数量虽然很多，却不具备足够的吸引力，对学生的影响力也比较低这一理论。学者谢佐勇认为如果要获得完善度较高的研究数据，就必须对高校网络德育理论实际工作中存在的不足之处进行研究。他的观点是高校不仅要建立德育网站，还需引导学生进入网站并对其开展合理的德育，进而提高学生的德育素质。学者李爱民认为提高德育工作成效的重点在于根据当下的时代发展特征吸引学生的注意力，再开展网络德育，才能获得事半功倍的教育效果。

（二）高校网络德育相关概念

1. 网络德育

（1）德育与网络德育

我国学者朱银端在《网络德育》中指出，德育是在高级生命演化中，因考虑到不同群体的实际需求，而在生活中彼此交换形成的一种要求守信和尊重规则而呈现出的一种风俗。社会舆论形成之后，它将会朝着范围更大的社会意识形态的方面演变。所以，德育可以看作社会意识的范畴，能够对人们之间的社会关系起到很好的调节作用。

在社会不断发展的背景下，德育的内容也将会随之优化完善，并呈现出鲜明的时代特点。德育，即对人与人、人与社会关系予以调整的所有行为规范的总称。随着人与人之间交往方式及交往手段的改变，德育关系也将会呈现出不同的变化。起初，互联网被人们看作一个绝对自由的地方，人们可以随意发表言论而不受监管、可以开展任何行为而不必承担相关责任。不过，如此自由无边界极大地威胁到了社会的和谐与稳定，不利于社会的和谐发展，网络德育应运而生。

对于网络德育概念的理解，不同学者具有不同的观点。其中，学者严耕认为，网络德育即在信息时代下，人们运用电子信息网络而产生的给社会行为以规范的一种伦理准则。学者邱伟光则指出，网络德育即人们在处理网络关系时应该坚持的德育精神及行为准则。胡钦太指出，网络德育是在加快构建网络发展中，政府和社会凭借公民舆论及信念来起到调整、规范作用的一种德育规范。同时，有的学者还指出，网络德育即民众在网络环境发展背景下，应该遵从相关准则的总称。

考虑到不同学者的不同观点，笔者是这样界定网络德育的概念的，网络德育指的是政府和社会通过网络优势，从思想道德、行为方式、逻辑思维等角度开展的德育实践活动。

（2）网络德育与现实德育的关系

网络环境由于自身虚拟性的特点，很大程度上会对现实德育起到削弱作用。不过，网络德育的发展，必须要以现实环境为依据。如果脱离了现实，则必将会使社会德育功能处于一种混乱状态。与此同时，在价值原则上，现实德育与网络德育也具有一致性的特点，二者存在着互动性。

首先，现实德育对网络德育具有主导作用。现实德育，除了能够作为人们日常行为准则的基础，也能够对不同层次的人起到激励、约束的作用。在社会快速发展的过程中，人们已经进入网络信息时代，也由此产生了大量的网络德育问题。网络德育问题是由于人们在网络环境下的行为与现实环境中存在差异而产生的冲突。现实德育对于网络德育具有规范性、指导性和调节性的作用，会对网络环境运营产生重要的影响。所以，从某种程度上来说，网络德育能够被看作现实德育在网络空间中的延伸。

其次，网络德育也会对现实德育起到一定的反作用。网络德育的发展，起源于现实生活中的德育体系，不过和现实德育存在很大的差异，现实德育大多采用面对面的德育方式，而网络德育是通过互联网平台进行的德育，具有虚拟性，是点对点的德育方式。网络德育对现实德育的反作用体现在以下几个方面。一方面，网络德育能对现实德育起到很好的补充效果。网络德育是现实德育在时代发展中衍生出的全新的行为模式，能够对于社会规范、社会美德起到规范作用。另一方面，网络德育会使现实德育面临困境。在网络空间中，个人大多是以符号、数字的方式出现的，不同人群之间的交往也是通过数字开展互动的。因此可以说，现代化网络技术模式极大地影响着人们的网络思维模式和网络行为习惯的动态性，由此出现了"网络中的我""现实中的我"两种不同的状态。对于"网络中的我"，由于社会教育监督不足以及缺乏他人必要的监督，导致个人不满在网络社会中爆发，形成现实的德育困境。

2.高校网络德育

随着网络教育的不断发展，高校德育工作也将面临新的发展环境，高校德育工作者应积极应对这种情况，积极开展网络德育工作，同时利用自身发展优势，不断应对新的挑战，以推进网络德育的发展，这些都需要从基本的概念着手。目前在学术领域中，学者们对于高校网络德育的含义尚且没有形成统一的意见，虽然目前学界对网络德育概念的界定有很多，不过都一致认为应将"德育"与"网络"连接起来。他们指出，高校网络德育是通过网络技术及德育目标，将德育在现实和虚拟社会中的作用充分发挥出来，以使大学生逐步成长为社会所需人才的德育方式。将高校网络德育具体界定到高校后，其对象将更加明确，即在校大学生。

高校网络教育，实际上就是高校网络德育工作人员利用网络优势，针对大学生思想、行为方式及逻辑思维等进行的双向互动实践教育活动。

（三）高校网络德育的特征

高校网络德育的特殊性决定它与高校传统德育存在较大的区别，具体体现在以下方面。

1. 广阔性与趣味性

网络环境下，高校德育的空间进一步扩大。高校传统德育主要以教师为中心，德育处于被动、封闭的状态，而在网络环境下，高校德育逐渐转变为以学生为中心，展现主动性与开放性。网络已经运用在高校教师及学生的日常生活、学习中的各个方面，教师和学生对网络的应用早已屡见不鲜。同时，网络德育形式也得到了快速发展，比如网络心理咨询、在线讨论等不同方式，这有助于提升学生对于德育的兴趣。

2. 平等性与互动性

在传统高校德育中，教师在课堂教育中处于主导地位，学生则处于被动接受的状态。网络德育的出现与发展，为教师与学生营造出了一种平等的发展环境与气氛，大学生的主体性被凸显出来。可以说，网络德育的发展使师生能够在自由和平等的环境下开展交流与互动工作。

3. 虚拟性与隐匿性

虚拟性，指的是网络是无形的，网络可以凭借知识、消息、声音、图像、文字等形式表现出来。网络社会发展进程中，人们基本都是通过符号来实现彼此之间的交流的，个人信息被掩盖，不同群体都能够以匿名的方式存在着，彼此都不了解电脑另一方人群的真实情况。所以，高校网络德育正是应用了人际交流中的这种隐匿性，促使学生敞开心扉，表达自己的观点。

（四）高校网络德育模式构建途径

1. 构建高校网络德育内容体系

如果要提高高校德育的吸引力，就必须要以充实、积极向上的内容为主题，尽快提高德育的实效性。高校在自媒体时代必须丰富德育的内容，才能推动德育工作的发展，一方面，自媒体平台本身就包含了多种信息，高校德育工作者可以以此为基础，利用平台中的信息改善传统的德育工作方式，打破传统德育内容贫乏、形式缺乏多元性和创新性的难题；另一方面，自媒体平台的传播内容非常复杂，涉及生活的各个方面，随时随地对大学生学习和生活产生很大影响。所以，高校应重视网络德育内容体系的构建。

（1）创新高校网络德育内容

目前高校德育教材的内容吸引力较低，学生面对该类型的德育教学时兴趣不大，且大部分的德育均采用说教、灌输的教学方式，学生处于被动状态，不利于德育的发展。我们应该通过创新教学模式，设计出与时俱进的教学方案，将高校德育与自媒体进行融合，利用自媒体中的德育资源，不断挖掘其中的价值，将德育和大学生的生活学习相结合，改变将德育工作停留在课堂、理论、刻板的概念和乏味的知识中的陈旧模式。

（2）构建适应本土与全球一体化的德育内容体系

本土化与全球化既相互矛盾又相互统一。因此，高校德育内容只有在正确把握我国社会主义核心价值体系的基础上，才能在全球化的冲击中如鱼得水，才能取精去粕。我国有教育家发表过"路在何方"的言论，该言论可体现出对学习要一直抱着开放的心态，学习世界文化或其他优秀成果，再将其融合到民族文化中，既可创新民族文化，又能让传统的本土化特色注入时代特质。通过对民族文化的继承与发扬，可以将民族特色传播至全世界，进而提高民族的知名度，有利于民族特色的持续发展。

中华五千年的历史文化博大精深，自媒体上纷繁复杂的信息轰炸并不能撼动本土文化的价值和地位。大学生肩负着中国梦的伟大使命，不论时代如何发展与改变，都必须时时刻刻谨记和弘扬中华文化。另外，高校德育内容需要与全国的优秀文化相结合，通过合理的整合与吸收，凸显全球文化资源的特色，并建立起以全球化时代为背景的中国德育方式，这对于我因进入全球化发展非常重要。但是目前的自媒体平台携带的全球化文化和信息内容良莠不齐，高校需对此类内容进行整合与吸收，化弊为利、因势利导，构建优良的德育内容体系。自媒体为全球不同文化之间的相互碰撞提供了平台，本土化为吸收全球优秀德育文化奠定了坚实基础。因此，高校应当构建适应本土与全球一体化发展的德育内容体系。

（3）促使传统德育与现代德育相融合

目前最新的政治经济，基本都是由以往的政治经济发展演变而来的，也就是说，我国现在的新文化是基于旧文化而产生的。所以，在历史面前，我们应当时刻保持尊重的态度，不能割断历史，过去流传下来的文化对德育内容而言非常重要。而现代德育内容则是在自媒体时代中应运而生的德育规范，这一规范是当代社会人群的行为准则，这遵循了社会运行规律。比如网络伦理，主要作用就是提高社会人群的行为规范性。高校在自媒体时代设计德育内容时，虽然将与时俱进作为首要条件，但这并不代表德育内容中不可掺入传统德育，仅将现代化作为主题。结合传统文化的独特魅力与现代文化中的时代价值，将现代与传统德育相融合，既能展现浓厚的历史文化底蕴，也能够适应时代的发展，唯有如此才能改善德育工作的不足，培养大学生的德育情操。

但是，对高校德育内容进行创新时，高校也应该意识到这不是更新换代，而是审时度势、推陈出新。在创新的过程中，高校需要把传统德育与现代德育进行融合，借鉴并吸收传统文化的精髓，再引入现代特色，只有这样才可以推动高校德育内容的创新发展，并培养出具有优秀情操和高尚品质的大学生。

2. 改善高校网络德育环境

（1）完善高校内部制度建设

自媒体时代，高校逐渐明确了制度建设的重要性，但目前其发展还未健全，高校对网络管理的措施尚不全面，效果也不理想，内部制度建设的道路依然任重而道远。

首先，高校应加强制度方面的建设。社会需要根据法律的规定不断强化网络社会管理，面对网络新科技、新应用时，必须控制好管理工作，确保互联网处于可控的状态，才能引导其朝着正确的方向发展。社会需要健全相关的法律法规来约束自媒体上的各种网络行为，高校也应当根据国家设立的规章制度和本校的实际情况，通过制定合理的制度来确保自媒体管理有规可依、有章可循。在高校网络媒体管理中，规章制度非常重要。当教育者落实管理工作时，可通过规章制度找寻到可行性较高的途径，并以此掌握当前的网络环境发展状态，再制定出合适的发展规划。高校建立的规章制度应与大学生的实际情况紧密联系，以此保障他们使用自媒体的安全性和可靠性。如推行实名制制度，或者是建立与自媒体系统相符合的应急措施等都属于有效的规章制度。

其次，高校应提高技术方面的保障。高校在完善制度建设、管理自媒体时，必须提高自媒体管理水平，只有这样才可以尽可能地减少不良信息的入侵。目前，高校主要以防火墙技术、防病毒技术、安全设计技术等作为常用的网络媒体安全技术。虽然这些技术某种程度上可以过滤部分不良信息，但却无法进行完全过滤，所以高校的技术人员必须不断地学习新技术，提高校园网的安全性。此外，与高校相关的部门也要尽心尽责地监控网络信息内容，保护大学生远离其毒害，以净化校园德育环境。

（2）政府大力强化网络监管力度

在自媒体时代，高校应用网络媒体的程度极高。为了确保网络应用的科学性和有效性，政府必须注重网络监管工作，才可以更好地发挥高校实施德育工作的积极性。政府通过网络监管可以过滤掉大部分不良信息，从而避免这些因素对高校德育环境造成污染，同时也能维护大学生的身心健康，防止高校德育工作的正常秩序受到影响。基于此，笔者认为政府必须充分发挥监管作用，加强与网络相关的监管力度，才可以使网络德育工作进行得更顺利。

首先，必须要提升自媒体人的责任意识。在如微博、微信等常被人们使用的自媒体平台中，每个个体都有可能具备舆论导向的能力，尤其是网络名人，他们的言论可能会引起热议，个别事件也可能引起社会关于德育的讨论，其中包括大学生群体。若想从源头树立正确的舆论导向，自媒体人的言行就应当受到管理和约束，从而提升他们的责任意识。

其次，政府应建立网络信息监管体系。这是强化网络监管力度的关键环节，也是维护自媒体平台言论安全的需要。在必要时刻，政府需要通过行政、法律等手段，逐步调整高校德育环境，营造出有利于高校网络德育发展的氛围。现如今通过政府的治理，相当一部分严重污染网络环境的信息出现率已然降低，但仍然有部分"漏网之鱼"对大学生的身心健康造成影响。政府应当通过严厉的方式对网络信息进行规范，以完善网络信息监督控制系统，同时从宏观角度，将监管工作科学化、法律化，指导高校德育环境的建设，营造一种良好的网络德育环境。

（3）构建"校生合一"的舆论环境

如今，互联网以其独特的优势拓宽了大学生的视野，已成为大学生生活和学习中非常重要的组成部分。在践行高校德育工作时，网络也是必不可少的一项技术，而高校德育工作者，可以通过网络搭建自媒体平台，构建"校生合一"的自媒体舆论环境，促进高校德育工作的落实。

高校应当重视校园自媒体主平台的建设。处于自媒体时代，高校可以充分利用官方微博、微信公众号等平台，建立起高校德育官方主平台，尽可能提高宣传工作和舆论的存在感。一方面通过敏感的触觉去感知社会新颖的主题、时尚的话题，以增强自媒体对大学生的吸引力，另一方面也可以深入讨论和分析大学生容易迷惑和迷茫的领域，引导大学生树立理性思维，使其懂得站在理性的角度思考问题。除了校园官方平台，校方还可以鼓励教师等德育队伍中的相关人员开通微信号或个人微博，利用网络语言向学生传递德育知识，避免僵硬的教化思想影响德育发展。

3.创新高校网络德育方式

现阶段，自媒体尚未与高校德育工作很好地结合，高校并没有完全驾驭自媒体。在经过实证研究认识到当前德育工作的困境后，笔者总结出以下三个方法，这些方法可以将传统的德育形式转换为新时代的高校网络德育形式。

（1）从脱离生活到德育生活化

教育的核心在于生活，教育与生活密不可分，如果只注重德育，忽略了生活，就如同海市蜃楼，毫无价值可言。进行德育，高校是非常重要的阵地，但现如今的高校德育受到了很多人的质疑，因为学生素质不高引起的冲突事件比比皆是，其原因之一就是一些学校的德育并未与社会生活相结合，同时也没有根据学生的个体现实生活设计出合适的德育方案。解决高校德育困境的最有效方式，是将道德教育生活化。

第一，高校德育源于生活，高于生活，服务于生活。生活是德育工作开展的源泉，佯装矜持或故作高尚的德育都无法真正地发挥效力，反而会起到负面影响。也就是说，只有依托于实际生活的高校德育才能产生实效。德育从生活中来可以使高校德育的资源与现实生活产生密切的联系，包括家庭、学校以及社会生活等各个方面。在学校生活中大学生努力学习、尊敬师长，在家庭生活中孝敬父母、尊老爱幼，在社会生活中遵纪守法、保护环境等，这些行为在生活中似乎很常见，却可以充分体现出德育的效果。换言之，高校德育不仅仅要从生活中提取灵感和素材，更需要作用于生活，唯有如此才可以真正体现出德育的实效性。大学生的品德不应止步于德育认知，在实践中更应当身体力行，用德育理念规范个体行为。

除此以外，高校德育生活应以学生为主体，高校德育生活化应当对学生主体高度尊重，确保学生发展需求得到满足。德育坚持以人为本，体现的是人的主体性，但是高校德育生活化，强调的是与生活息息相关的德育方式，体现的是学生主体性。所以，高校应基于大学生思想特征和个性发展特征，加大对大学生德育主体性的关注，以将他们的能动性和自主性充分发挥出来。

（2）从德育灌输回归生命关怀

以灌输为主的德育方式，是目前高校开展德育工作的主要方法。但在自媒体时代，学生的主体性和自主性日益突显，灌输式德育方法已经不能完全适应时代的需要，回归生命关怀的德育形式是使德育摆脱困境的主要方式。如果要体现出生命关怀的回归，就必须要以"以人为本"理念为基础，让人的生存与发展成为德育的目标。

总而言之，德育的目的是帮助人类发展，其服务对象也是人类。高校不仅仅要理解"以人为本"的德育理念，更要将"以人为本"的理念落到实处，强调学生个性化的发展，唤醒其主体意识，为学生个体成长提供可能，只有这样才能真正改变传统德育灌输的德育方法，回归生命关怀。

（3）从单向输送转向平等对话

随着网络技术的高速发展，媒体的传播模式发生了极大变化。传统的媒体已经慢慢转变为现代自媒体，过去的点对面、一对多的传播方式，也逐渐转为点对点、一对一的传播方式，就连传播对象都发生了明显的变化。如果高校德育工作者要推动高校德育发展，就必须根据时代的变动，充分利用自媒体与传播方向间的关系，设计出合适的德育方式，使自身与大学生的平等对话成为可能和现实，确保将过去单向的德育输送方式转变为平等对话的方式。

第一，高校应积极转变教师和学生之间的身份地位。在过去，教师需要掌握德育知识，在对德育内容进行加工、整合和筛选后，才向学生进行德育知识的传输。教师的丰富经验和多元化知识，使其树立了高高在上的形象，无论在话语权或者是主动权方面，都占据较大的优势，同时也具备足够的权威性。换句话说，这也就意味着我国高校传统德育仍旧遵循着"师道尊严"的师生关系。而自媒体在高校德育中的运用可以赋予师生平等的权利，逐步转换"师道尊严"的思想，让师生地位发生改变，慢慢形成师生平等交流与互动的局面。

第二，高校需要建立平等的对话机制。高校师生的身份地位会对高校德育的对话机制产生影响。高校利用自媒体开展德育工作，可以使高校师生逐渐形成平等的关系，使高校德育形式由单向灌输转为双方平等交流。该交流模式最大的特点就是平等，也意味着在自媒体时代，高校如果要推动德育工作发展，就必须构建属于德育教育者、大学生的平等对话机制。高校应注重建立德育自媒体对话平台的建设，以便于进行师生、生生和自我对话。现今，由于微博、微信等自媒体平台的出现，人们的对话机制发生了明显变化，而大学生恰巧又是使用这些自媒体平台频率较高的重要主体。高校若要整合自媒体资源，首先要做的是构建有特色的德育交流平台，一方面对平台进行针对性管理，提高教师的参与度，提高学生的积极性。另一方面，高校还应积极构建对话平台的反馈机制。构建平等的对话机制，并非为跟风、提升高校形象，它的初衷在于触摸大学生的内心世界，与其进行更深层次的交流与沟通，为其答疑解惑，提升其道德品质。其次是高校在建立平等对话平台的基础上，更不应忽视后续工作，应设立舆情监控小组，实时掌握大学生的德育情况，并及时准确地将有效信息提炼并反馈给德育工作者。

二、高校体验德育模式的构建

体验式德育强调的是学生要亲身参与，实践、感悟、反思，全身心地去投入，把自己的所见、所闻、所做、所想融合成道德感悟，这是一种融情于实践的德育模式，更关注德育对象在德育活动中的知、情、意、行。学校管理者和教师都是德育模式的实施主体，他们负责活动的有序开展。

（一）体验德育模式的目标

在当今的教育中，教育者似乎很容易忽视学生也是社会公民这一事实，忘记了在立德树人的过程中要通过让学生参与相应的社会实践，培养学生的社会参与感、社会责任感等。实际上，教育者应该正确地引导学生学会正确地处理人与人之间、人与社会之间的关系。体验式德育模式能够培养学生的社会参与意识。学生的社会参与意识得到提高，学生就能够更好地适应社会，更好地迎接未来生活的挑战。体验式德育旨在让学生通过多种体验途径，强化学生的参与意识，让他们积极主动地关注身边的事物，在实践的过程中获得美好的体验，唤起他们对社会的认同感和归属感，并将此情感体验转化到实际行动中，促进其道德品质的发展。

（二）体验德育模式的实施主体

1. 班级

在日常教学活动中，班级无疑是进行德育的主阵地，通过主题班会的形式，让学生获得德育认知。在班级里，负责老师开展主题班会有助于形成良好的班级氛围，促进学生的成长。但是，若定期、有效地开展体验式班会，需要班主任细心准备，同时需要班主任及时了解学生的情感状态、学习状态，鼓励学生积极参与，帮助学生通过体验式班会更好地认识自己、了解自己。同时，在班级里，各学科教师在日常教学中融入德育，让学生从不同的学科知识中联系生活实际，参与不同类型的德育体验活动，获得不同的道德认知，更能够促进学生全方位的道德发展。

2. 学校

体验式德育要求学校积极主动地为学生筹划各类意义深远的体验活动，将德育主题体现其中。以学校为单位实行德育，是塑造学生思想道德品质的有效途径。但是想要成效卓著，学校的德育教学也要采取妥善的方法，如果一味采取说教等枯燥的形式，强制要求学生遵守，势必会引起学生的逆反心理，造成事与愿违的后果。所以学校采用体验式的德育模式，要举办多样的体验活动，可以让学生去亲身体会，积少成多，经验就会有效内化为自身的素养。

3. 家庭

家庭是学生心灵温暖的港湾，家长要定期给学生进行心灵方面的教育，正面引导学生积极向上。同时，家长们需要合理安排学生承担家务、带领学生参加社区志愿者服务等，通过各种活动，实施德育。此外，家长要为学生提供一个和谐、幸福的家庭环境，让学生在爱的环境下健康地成长。

4. 社会

在社会场域中，有丰富的教育资源，当地的银行、爱国主义教育基地、研学基地等可以联合高校一起培养学生的诚信美德和爱国精神，培养学生对大自然、对祖国的热爱以及培养学生的团队协作精神，让学生通过参与社会实践提升自我。

（三）体验德育模式的内容

随着社会的不断发展和进步，社会主义市场经济水平也在不断提高，因此，德育的内容需要与时俱进。尤其是经济全球化的今天，社会对德育也提出了新的要求。德育不是简单地对学生进行思想道德知识的传授，而是需要根植于中国特色社会主义的实践，继承优秀的传统道德文化，把学生培养成新时代德才兼备的人。

（四）体验德育模式的构建途径

1. 转变学校管理者和教师的观念

随着社会的改革，教育越来越强调立德树人。立德树人就意味着"坚持育人为本、德育为先"。立德树人，指的不仅仅是重视学生的道德发展，把学生培养成人才，还指的是为了把学生培养成德才兼备的人，教师本身也需要提高道德素养。体验式德育模式，目的是让学生通过参加活动，在活动中了解世界、探索世界、感悟生活，这是实现立德树人的重要途径。体验式德育的内容，应当结合时代发展需要，开展规范性、长期性的有效德育活动。学校管理者和教师应该转变教育观念，在日常教学中落实立德树人理念，让学生多方面、多渠道地体验德育，形成一定的道德认知，并逐步转化成道德行为。

要转变学校管理者和教师的观念，学校应该对德育教育者进行培训。通过线上或者线下的讲座、课堂案例等，引导教师重视体验式德育对师生的影响，并从实际案例出发，启发德育教育者开发更为直观的教学模式，让教师将体验式德育更好地融入日常教学当中。

除此之外，学科教师可以把该学科特色的体验活动形成德育校本课程，通过把体验式德育活动融入具体教学，让教师体会体验式德育的功能影响。同时，德育校本课程的实践实现全程性，可以让教育者把德育工作变成常态化工作，也让学生把习得的道德认知，通过习惯的生成而内化为道德行为。

2. 开拓多种渠道

学校要扩宽德育内容的宽度，不断创新德育实践活动的形式，例如，组织学生参观爱国主义教育基地、敬老院、福利院等活动。而且，学校还可以开展一些与时俱进的德育活动，如"互联网＋德育"、生态教育和劳动教育等。劳动教育与学校德育的融合是新时代实现学生的全面发展教育的内在要求，教育与生产劳动相融合也是新时代劳动教育和学校德育变革的发展方向。此外，学校教育场域中也蕴藏的丰富多彩的隐性课程，这些课程能够充分体现劳动教育对学生的深刻意义。在日常的校园生活中，学生通过卫生值日、宿舍内务整理、志愿者服务、社团服务等进行劳动实践；也可以通过组织活动，利用好学校的劳动教育资源，让德育课程与劳动教育课程相结合；还可以安排学生参与生产实习、社会实践、文化体验等活动。

体验式德育活动进展卓有成效，不仅需要各级学校教育部门教育方法推陈出新，还需要整个社会为大学生群体成长营造良好的环境。营造既温馨又和谐的德育文化氛围，改进社会育人环境，创办有效的社会支持体系，创设学校、家庭、社会、媒体同进同退的育人机制。大学生体验式德育模式唯有迈出校园，融入生活，关切社会，在社校联动构造的平台上大展身手，德育的创新才能见效。

社会要明确社会本身也是德育场域，社会应当积极配合学校，创立社会与学校联动的体验式德育机制。通过把社会资源物尽其用，为学生创设经验丰富的体验平台。社会、家庭和学校都是进行德育的场域，大学生的德育建设需要学校系统化教育、社会支持、家庭言传身教的合力。随着现代社会的发展，大学生的德育方式，还需要教育者开通大学生喜闻乐见的大众媒体宣传渠道，增设网络体验机会，在原有传统的德育课堂之外，开设社会德育的"第二课堂"。德育的教学目标蕴藏在各式各样的德育实践之中，无说教，不强制，引领大学生在思想道德的体验中受到感化，由外到内达到一种"无意识"的教育效果，有效避免他们的逆反心理。

3. 构建家校社协同机制

社会学家布迪厄在其著作《实践与反思》中对"场域"做了系统的阐释，学校并不仅仅是一个静态的结构，它是由各种关系纽带构成的一个"场域"，这是因为当中不可或缺的资本在发挥作用。而这些资本在一个家庭里，就表现为家长的经济条件、家长的教育理念、家长的文化水平等。在社会中，资本就是各种各样的因素，也对学生道德习惯的形成起着关键的作用。

（1）制定激励制度，激发家、校、社三者合作的内在动力

学校要创建政府、社会长期合作机制，这样大学生在社会成长发育的整个过程，就享有最明晰、最可靠、最有引导性的人生体验。社会在不断发展，开放性的价值观对学生的思想带来不小的冲击，传统思想观念被淡化，这对大学生的健康成长产生了相对负面的影响。因此，政府教育管理部门要积极行动起来，例如制定完善的政策、鼓励学生积极体验、在经费缺乏时伸出援手、对学校进行教育评估等，做大学生体验德育活动中最坚实的后盾。同时，政府还要大力推崇社会主义核心价值观，净化网络环境，合力共造一个文明、和谐、友善的现代社会，促进德育更好地发展。

首先，学校为学生每人建立一份成长档案。档案的内容包括活动的内容、活动实施主体的评价以及学生的个人感悟等。每次参与体验式活动后，由德育活动实施主体对学生的行为以及效果进行评价，再由学生进行自我评价。这样一个过程，就是把学生的道德体验转化为道德认知的过程，并以此来加深大学生对道德行为和习惯规范的认识。

其次，建设固定的德育体验基地，实施注册制度。学校主动与社区组织联系，在社区基地设办事处，让学生把在学校、家庭或者社会中学习的道德知识转化为道德行为，并在实践中形成习惯。

最后，不断完善德育成效表彰制度。对优秀的教师、学生、家长、德育基地及其工作者等进行表彰，形成长效机制。每个学期或者每个学年，通过学生德育成长档案中的记录，对学生进行评优，以此激励学生不断地进行德育学习。

对于德育基地或者相关德育部门，也要形成一套激励机制，如根据学生的评价以及学生的德育成效来打分，并通过政府部门进行表彰，以此促进相关部门或机构大于推动德育的发展。通过家、校、社的联通激励机制，可以有助于学生道德习惯的形成，促进知、情、意、行的深化。

（2）优化学校德育场域

教育者应顺应现实，紧跟时代发展步伐，推陈出新，改革传统的德育模式。教育者要将心思放在教学反思方面，反思个人的日常教学习惯，审查自身的教学方式，努力创新与改进教学实践，以此来推翻过去不成型的教育习惯。同时也要特别注意不要局限于惯常思维，而要尊重师生平等的权利，重视学生主体地位，创新教学方式。

学校活动作为校园文化建设的一个重要组成部分，其主要表现形式为组织各项比赛、演出、展览等。在开展活动之前需进行有组织有意识的宣传和引导工作，吸引学生主动参与到体验活动中。学校渠道还可以进行多方面的开拓，例如利用多媒体新技术等技术平台开发新阵地，传播场域的影响力；秉承着合力共赢的信念加强与兄弟学校的交流合作；与地方政府、社区等携手共作，为学生创造更多的机会去参与服务社会等活动。学校作为重要的德育场域，校园的显性文化和隐性文化都对学生产生着重要的影响。学校应该通过对校园里的文化对学生渗透德育知识，加强校园文明建设。

课程文化场域采取"显性和隐性相结合"的模式，显性德育能够直接地让受教育者收获知识，而隐性德育则通过"以文育人"的方式育人。"师者，所以传道授业解惑也"，教师的治学之道及其课堂感染力能明显地活跃课堂的气氛，进而增强学生的求知力。教师与学生之间的合作学习能调动场域间各层次分子的积极性，有效鼓动场域的良性运行。

（3）优化家庭教育场域

教育场域也可称作文化场域或知识场域，因此，在知识和文化方面都会对互动主体做出影响。家庭作为基本的教育领域，教育任务重，在学生的道德成长道路上占据着重要的地位。当下，家庭教育如今已成为学校教育的延续、与社会教育渗透和交融，不再是传统意义上的成长教育。

家庭教育要建立场域思维体系，在家庭教育的场域体系中，为学生注入的思想和精神是极其重要的。因此，家长要有主动意识去维系家庭教育场域，在良好的环境中让学生得到熏陶。良好的家庭教育场域，离不开良好的教育方式。父母的教育理念教育方式、为人处世的态度，对学生的德育发展起到至关重要的作用。不同的家庭有不同的教育方式，例如专制型、溺爱型、放养型、民主型等。民主型的教育方式，更有利于学生的身心发展，有利于创建一个民主、自由的家庭氛围。另外，良好的家风，能够让学生在良好的环境中实现道德知、情、意、行的发展。要形成良好的家风，需要家长不断地提高自身的道德素养，接受传统的道德文化熏陶，不断地促进自身观念的发展，从而形成良好的品格和道德素养。只有家长自身的道德水平提高了，才能在潜移默化中影响学生，促进学生的道德发展。因此，为学生构建一个和谐、民主的家庭环境，经常对学生进行家庭美德教育，能够为学生搭建学校以外的道德学习场域。

（4）优化社会德育场域

社会其实就是一所大学。布迪厄认为，社会结构是具体的，是一种动态的社会网络结构，在这个社会网络结构中，存在着很多教育元素。因此，社会教育场域的构建，需要教育者在这个网络结构中，联合这些教育元素，为良好的德育场域的搭建提供资源。教育者应该倡导大学生积极参与社会实践活动，通过此类活动体验生活，从生活中得出真理。大学生不仅可以到社区，还可以到农村，甚至是不同的企业进行德育实践。

第一，社区主动联系学校，为学生开展相应的社区服务活动。社区活动包括街道的清扫、交通引导、服务社区老人等活动。社区工作人员对学生进行教育和引导，让学生了解社区大发展、了解社区的风土人情，帮助学生更好地融入社会，学会在日常生活中关爱他人、乐于助人等。

第二，劳动教育基地的开设。社会可在农村振兴项目中，搭建劳动教育基地，让学校通过组织学生开展下乡、探索、研学等不同类型的活动，引导学生尊重劳动、热爱劳动，促进其德智体美劳全面发展。

第三，社会在弘扬爱国主义同时，可以开展一系列学生探访军人的采访活动。通过此类活动，让学生在采访军人的同时，了解军人艰苦奋斗的精神和爱国精神，也能使学生不出自土地唤起自身浓烈的情感。通过此类活动能够让学生进一步了解伟大的民族精神，这种有意义且有目的性的活动不仅弘扬了伟大的红色精神和民族精神，也彰显了对大学生学习主体性需要和情感需要的供给。

第四，政府部门也应主动联系其他部门主动为学校德育提供活动机会，如让大学生能够开展模拟法庭、参与消防演练、参观派出所等，甚至参观监狱，让学生通过这些方式，学习法律知识，熟知违法犯罪的严重后果，培养学生学法、懂法、守法的能力。

三、高校立体德育模式的构建

（一）构建高校立体德育模式的原则

高校德育的顺利进行，不仅要有正确的德育内容、德育手段和德育方法，而且还要遵循一定的德育原则。构建高校立体德育需要坚持德育对象的主体性原则、坚持德育方法的创新性原则、坚持德育过程的知行统一原则、坚持德育环境的整体性原则，这些是原则高校立体德育模式实践过程的基本要求。

1.坚持德育对象的主体性原则

道德的主观性决定了德育必须是主体性的教育，强调道德的主体性只不过是表明道德与主体之间的密切关系，没有主体的参与，就没有德育的对象。高校德育应注重受教育者在道德发展中的主体地位，反对单纯的道德灌输，注重受教育者的主体性和积极性，特别注重个人进行自主审议的能力。从价值澄清理论的角度看待传统的德育方法，它存在的合理性是显而易见的，它看到了价值形成的内在机制，以及知识、情感和行为。它结合探索形成个人价值观的过程，力图通过与学生建立情感上的共情和思想上的共鸣去深入了解学生、尊重学生、理解学生，给学生充分表达自己思想和想法的机会，让学生能够对自身的兴趣、能力、价值做出正确的、积极的判断。它可以根据学生的不同特点，让学生正确地选择自己的道德价值取向，实现他们的道德价值。[①]

因此，对价值澄清理论提出的有价值的研究，我们应该提取合理性因素，并将其应用到我国高校的实践工作中。高校的德育工作应始终坚持学生的主体性原则，通过各种方式最大限度地激发大学生的创新精神和创新能力。

2.坚持德育方法的创新性原则

创新是一个民族的灵魂，高校的德育工作也应该在学习、吸收、借鉴的过程中不断创新，努力对德育教育内容和形式进行创新，以及营造创新的校园文化氛围，形成学校学习和社会教育、家庭教育"三位一体"的德育教育融合模式。

（1）在理论学习的基础上组织学生参加社会实践活动

理论与实践的有机结合一直是教育活动取得良好效果、发挥作用的重要途径。当前，我国高校的德育工作，在理论与实践相结合的方面还存在着很多不足，面对这样的情况，在今后的德育工作中，高校要注重将思想政治理论的学习和

---

① 叶莉英.基于价值澄清理论的大学生价值观教育探析[J].宁波大学学报（教育科学版），2009，31（6）：100-104.

学生道德行为相结合，让大学生对书本上的理论知识能够深入地理解、采纳、吸收，将其引入自己的实际生活，直至内化为自身的道德素质，以对自身成长产生长足的影响。

（2）坚持将以理服人和克服消极因素相结合

对大学生进行德育，要充分发挥学生的主观能动性，把被动接受变成为主动实施，这是高校德育教育应追求的教育方法。针对当前大学生个人保护意识较强，个性化较为鲜明的特点，德育教育工作者应该在日常的学习生活中，发现大学生身上的优点，通过及时地给予肯定和鼓励，让大学生的优点得到充分发挥，以克服自身思想信念上的不足。

与此同时，高校的德育教育也可以从规章制度制定的主体上做出改变，可以通过老师协助学生自己去制定与校园学习与生活有关的规章制度的方式，提高学生的自我约束力和认同感。

（3）坚持集体教育与榜样教育相结合

为了充分尊重大学生，不伤害大学生的自尊心，高校的德育教育也应该选择恰当的时机，在恰当的场合来进行。

例如，当某一学生出现了违反校规校纪的行为，但自身却不愿主动承认，这时作为德育教育工作者不能简单粗暴地对学生违反纪律的行为进行揭露和惩罚，教育工作者应该选择恰当的时机，在对学生进行集体教育的过程当中，通过正确的暗示和引导，使犯错误的学生能够清楚地意识到自身的错误，并加以改正。集体教育的效果是显而易见的，它不仅能够让学生的自尊心得到保护，还能够给其他同学带来深刻的启发和影响。另外，除了要坚持集体教育，高校的德育教育工作，还要坚持榜样教育的力量，榜样教育就是高校在校园中树立大学生学习的模范和榜样，通过对榜样事迹的宣传，提高大学生的认同感，对大学生的思想意识进行鞭策，激发大学生的看齐意识。

3. 坚持德育过程的知行统一原则

在高校的德育过程中，系统的理论教育和实践锻炼同样重要，思想认识和行为习惯培养的结合得到了提高。所谓知行统一原则，就是要重视思想道德在德育过程中的理论教育，也要组织学生参与实践锻炼，将提高认识和行为发展相结合，这样学生就可以在言行上保持一致。知识与行为统一的原则可以分为四个部分。

（1）要提高大学生的道德认知水平

大学生对道德的认识应该通过教师理论知识的传授和感化教育获得。感化教育要求德育教育工作者应注重对大学生的心理关怀和心理疏导，让学生通过自身的切身感受来提高自身的道德认知水平。

（2）注重学生情感的体验

高校的德育教育工作者可以通过在德育课堂上创设与学生实际生活相关的教学情境，以激发学生对道德知识学习的兴趣，进而激发学生对德育的积极情感。例如通过观看有益于大学生身心健康发展的影像资料，让学生在现代化教学方式的刺激下增长见识，获得启发。也可以通过组织一些集体活动的方式，让大学生在集体活动的参与中获得集体荣誉感和自我认同感，进而提升自己的综合素质和道德观念。

（3）满足学生合理的道德需求

在德育过程中，充分征求学生的意见，满足学生合理的道德需求，具有重要的意义。比如，在大学阶段，很多学生都想在班级和学生会担任一定的职务，以期将自己的能力和才艺充分地表现出来，同时为自己的求职简历增添色彩。在这样的情况下，学校、班主任可以在尊重大学生意见的基础上改变原有学生干部的任期制度，实行每学年均开展岗位竞争的方式，充分调动学生的参与积极性，尽可能地满足学生的道德需要，使学生的道德需要与自我教育相结合。

（4）加强对学生道德行为的引导

大学阶段是学生思想价值观趋于成熟的阶段，在此期间需要德育教育工作者对大学生的道德行为进行及时、正确的引导。对有错误思想倾向的学生进行及时纠正，对存在迷茫和困惑的学生进行心理疏导，让学生在大学期间的道德意识和道德行为得到良好的发展和提高。

4. 坚持德育环境的整体性原则

家庭环境、学校环境、社会环境这三种环境教育形成了"三位一体"模式，这对高校立体德育模式构建的整体性和协调性起着巨大的影响作用。

（1）家庭环境

家庭环境的影响是一个人成长的重要因素，家庭环境直接影响着大学生的道德意识和行为规范的建立。家庭成员之间的亲疏关系、家长的言谈举止以及思想品德都会对大学生产生重要影响。所以，家庭环境是大学生德育教育环境的重要组成部分，作为家长，应该加强自我约束，给孩子提供良好的示范。

（2）学校环境

就大学生的德育教育而言，学校环境对大学生德育教育的影响是非常大的。大学阶段与中小学阶段最大的不同就是大学生的学习生活更为自主、丰富，大学生有更多的时间去学习书本以外的知识，进行更多的实践体验。在这样的情况下，高校的硬件环境、软件环境和制度环境的发展情况将影响学生道德实践的体验感。因此，高校应不断完善学校环境，为大学生道德实践和道德认知水平的提高创造良好的校园氛围。

（3）社会环境

社会环境对大学生的影响具有极强的广泛性，一个稳定、健康、积极向上的社会环境，对大学生良好道德品质的形成具有至关重要的作用。因此，大学生的德育教育离不开全社会成员的共同努力。家庭、学校和社会是大学生德育发展进程中不可或缺的三大重要影响因素。高校立体德育模式的构建，必须要坚持三大主体环境的整体性和协同性。

（二）构建高校立体德育模式的途径

1. 实现德育目标的立体化

德育的目标是高校德育活动的出发点，为德育工作的开展提供了蓝图和依据。过去德育的目标是培养学生学习"道德知识"，如今高校的德育目标应该更加丰富和立体化，具体应该做到以下几点。

（1）德育目标设置应更加要注重人性化

高校德育的目标，不仅要培养适应社会需要的人才，更重要的是要确保大学生综合素质的提高，使大学生树立健全的人格，在未来的生活和工作中，具有持续的创造力和幸福感。高校德育教育要教会学生学会判断、学会选择、学会创造，还要学会创造道德生活环境，改善道德生活。但我们现有道德不能把学生从"社会标准理论"转变为"个体标准理论"，将社会发展与个人发展有机地结合起来。

（2）德育目标设置要有层次性

首先，高校的德育目标应该根据高校大学生实际的道德水平情况，以及学生所处的年级阶段，进行有层次地明确界定。例如对大一学生的德育目标界定与对大四学生的德育目标相比，应更为基础。

其次，高校德育的目标设置应根据德育内容的不同而进行具体的划分，如可以具体划分为法制教育目标、心理教育目标、德育教育目标等，高校的德育目标需要出各个细化的专项目标构成。

最后，针对高校大学生们各自的道德需求不同，思想基础和所生活的环境不同，学校和社会对大学生们的德育目标设置也不能是千篇一律、一成不变的。设置主体要根据各个学生个体发展的需要和自身的实际情况，制定特殊的德育目标，使特殊的德育目标与普遍性的德育目标相结合，共同作为高校德育目标的重要组成部分。

（3）德育目标设置应该注意"国际化"趋势

在当今世界各国经济、贸易、科技等各个领域往来越来越密切的情况下，大学生与世界的接触也将越来越频繁。高校的德育教育目标必须要与时俱进，考虑到学生生活、学习乃至今后工作中的能力需求和所处环境对道德观念的要求，在大学阶段，培养学生在竞争激烈的发展浪潮中自主发展的能力，培养大学生抵御外来不良文化渗透的能力和提升本民族荣誉感和凝聚力的能力。

2. 实现德育内容的立体化

高校德育的内容直接影响着高校德育目标的实现，完善的德育内容是大学生提高综合素质和道德认知水平的关键。

（1）在"政治理论课"基础上增加生态德育

生态德育教育一直是西方发达国家德育教育的重要内容，在我国当前的高校德育开展过程中，生态德育教育开展得还很不充分。为了解决现在存在的问题，高校应将生态教育列为我国高校德育的重要内容。作为德育教育者，应该在培养自身保护生态意识、尊重自然的道德习惯、提升自身的生态道德品质的基础上，将这种精神通过德育课和其他道德实践活动传递给学生。德育教育者应该将思想道德修养课的内容与生态文明的有关知识进行科学、系统、紧密的融合，让学生在接受德育教育的过程中知晓生态文明的重要性，也让学生们深刻地意识到当前整个世界生态系统所面临的严峻形势，作为大学生应该通过自己的实际行动去关心生态、关心环境、保护地球、保护大自然，使学生树立人与自然和谐相处的道德意识。

（2）在课堂教学中联系生活德育

教学过程是教师与学生之间围绕着教学目标、课程内容、教学方法、教学组织等方面在动态交互作用中"教"与"学"融为一体的过程。所以根据德育课教学的特点应做到如下。

首先，教师以身作则，树立"榜样效应"。教师应通过自身的行动，以自己严谨的教学学风和一丝不苟的工作态度来影响学生，以自己对学生的爱与关怀来感化学生，让学生受到潜移默化的教育。

其次，在课堂教学的良好气氛中渗透教育。如今探究式学习是课堂教学的重要环节，在合作学习中可培养学生团结协作的精神；在与教师引导交流过程中，尊重学生的个性，给学生充分的发言机会，从而提高学生的能力。

最后，在讲解科学家的故事中渗透教育。结合具体教学内容介绍一些我国的科学家，能培养学生的民族自豪感和自信心，使学生能够学习科学家身上的优秀品格。

3. 实现德育方式和方法的立体化

我国高校大学生的综合素质将影响国家科技发展的整体水平，多渠道、多层次、有针对性的高校德育是高等教育取得良好成果的重要保证。因此，笔者在探讨高校德育现有方式方法的基础上提出以下几个方式方法。

（1）启发式、研讨式课堂教学方式

高校课堂教学中用于实现德育功能的主要渠道是德育课堂教学。高校立体化德育模式要求高校的德育教育者应该通过德育课堂这一载体，充分发挥教师的主观能动性，对大学生开展启发式、研讨式课堂德育教学活动有很大帮助。

首先，启发式、探讨式教学模式，对德育教师提出了更高的要求，这就要求德育教师在日常的理论学习和研究过程中加强对世界时事政治的关注，加强对网络热点问题的关注，不断获取新的知识信息，与时代接轨、与学生接轨，给学生提供最及时、最亲近的启发式德育教育。

其次，启发式、探讨式教学体现了教师的主导作用和学生的主体地位。启发式、探讨式教学能够活跃学生的思维，激发学生的求知欲望，调动学生的学习主动性。通过设疑能使大学生沉浸在老师的所"启"之中，产生思考的冲动，大学生的兴趣由此而发，教师再加以引导，达到教学的目的。

（2）开展生活化德育方式

德育生活化是指将德育方法融入日常生活，让德育的内容在大学生的日常生活中得到验证，从而提升大学生的道德认知和道德修养，使高校的德育教育真正地发挥作用。开展生活化德育方式，德育教育者在实施德育过程中对德育的理解一定要"回归到生活世界中"，一定要对学生日常生活与现实发展中的道德水平做到理解与指导。

21世纪，高校德育途径只有贴近当代大学生的实际生活，才能让大学生在德育实践中获得道德知识，进而加深对道德观念的认识。学生可以发挥主观能动性，将自己在德育过程中获得的道德知识运用到学习、生活和工作中，并将这些道德知识内化为自身的思想和认知。生活化的德育方式是德育教师必须长期坚持的一项教学策略。

（3）构建网络德育平台

高校构建网络德育平台不仅可以成为学生形成良好道德品质的引路人，还可以拓宽德育路径。高校在德育过程中对互联网的利用和管制是十分有必要的，开放的环境有利于促进大学生的意识开放和沟通开放。高校应把网络作为一种文化交流渠道，充分利用数字网络的沟通功能，发挥其隐性的德育功能。网络已经成为当代大学生学习和生活中必不可缺的一种工具，高校应该充分认识到当前大学生对网络的依赖度以及网络对大学生的影响，在开展德育工作中充分利用网络这一平台优势，拉近教师和学生之间的距离。

与此同时，高校和德育教育者要注重对大学生进行中国传统文化的教育，提升大学生的民族认同感和文化自信，使大学生在接触网络纷繁复杂的信息时，能够准确地做出选择，提升大学生的信息鉴别能力。还可以通过引导学生参加一些爱国主义教育的网上活动、先进模范事迹讨论活动，或开设网络会议等方式，慢慢提高学生获得道德信息的渠道，构建具有动态发展和协调思维的网络德育平台。特别是可以通过网上讲座、网上"论坛"、电子信箱、聊天室、网络社区等新型德育手段，为高校德育注入新活力。

4. 实现德育环境的立体化

德育环境对德育的实施至关重要，它具有教育、定位、凝聚力、动力和控制的功能，可以直接影响大学生的价值观、思维特征、行为习惯和生活方式。高校德育应从学校内扩展到学校外，同时要建立一套完整的德育链，让这个链条上的各个部分相互渗透、促进和协调，形成与学校、家庭和社会密切合作的三位一体德育环境，使学校、家庭、社会形成合力，共同关注大学生的发展，关注和重视大学生的思想道德建设。

（1）建构良好的社会德育环境

我们必须注意主流文化的建设，一定要关注学生们的健康成长，同时我们也要特别注意社会良好氛围的创设，不仅要注重宣传内容的选择，还要重视文化管理和法制方面的建设，全面推进学生的素质教育，努力培养学生的人文文化意识，认清弘扬民族文化的重要意义。要建设高素质的教育队伍，教师要具有科学的、现代的思想教育观念，并注重对学生们创新性思维的培养。

（2）建构良好的家庭德育环境

良好家庭德育环境的构建对于学生的成长来说是至关重要的。父母是孩子最亲近的人，父母要提高自身的素质，时刻为孩子树立榜样，在平时的家庭生活中，保持与孩子交流，主动关心孩子的生活、学习、心理健康，主动消除家庭中不和谐的因素。

首先，关注家庭问题，营造良好的家庭环境。家长要调整心态，准确评价和认识孩子，尊重个体的意见，为和谐沟通交流营造氛围。

其次，进一步改进和创新家庭德育工作的思路。在平时的生活中，父母应多关注孩子的成长，聆听他们的心声，通过理解他们、启迪他们，实现孩子心灵的净化。

最后，要努力探寻家庭德育工作的教育方式。高尚良好的品德对于孩子的未来是最重要的。在教育过程中，家长要言传身教，自己做好榜样，创设良好的家庭道德环境，如尊老爱幼、关心他人、互谅互让、邻里和睦、团结协作等。

（3）建构良好的学校德育环境

对于一个学校来说，建立立体的德育模式离不开良好的德育环境。德育环境主要包括校园的硬件环境、校园的规则秩序环境以及校园的宣传舆论环境。

首先，校园的硬件环境主要是指高校的整体人居环境、基础设施建设、校园的整体规划和校园生活的便捷、科技化程度等。在一个具有优质人居环境和健全基础设施的大学校园里工作、生活和学习，能够大大提高校教师和学生的满意度，也能起到愉悦身心的作用，让人们有更多的精力去建设内心的道德世界。

其次，校园的规则环境秩序是指一个高校的校规校纪要科学化、制度化。正所谓无规矩不成方圆，高校的立体德育模式的建立需要用刚性合理的规则制度作为基础，用纪律规范去约束大学生的行为举止，否则仅仅依靠学生的自制力和自觉性，很难将立体的德育模式发展起来。

最后，校园的宣传舆论环境是指高校要通过各种线上线下手段及载体，充分加强对大学生的德育教育和人文素质教育，营造良好的德育宣传氛围，加强大学校园的精神文化软实力建设，打造各类德育宣传媒体平台，助力高校立体教育模式的构建与发展。

5. 实现德育评价体系的立体化

高校德育工作的好坏需要通过一套完整的评价体系来评价。建设的好坏或者对学生们成长是否有帮助没有固定的标准，将对德育工作的展开产生消极影响。因此如何采用合理的评价体系是非常重要的。只有科学、合理、有效的评价体系才能够使高校德育工作更上一层楼。同时我们在德育建设过程中要非常注重对德育内容的评价。德的内容是高校德育的重要组成部分，要反映道德标准，反映大学生的世界观和实际思想，同时也必须结合德育决策的目标。

（1）坚持以人为本的评价理念

首先，要建立纵向评价体系。何为纵向评价体系，就是在高校中无论是学校的领导，还是平时教授知识的老师，抑或是学习的主体——学生们，都必须参与到评价中来。学校领导按照指定的评价体系和标准，在全校范围内开展优秀班级评比。

其次就是高校要制定对学生行为习惯的评比，推出一些行为习惯好的学生，让全校学生以这些学生为榜样，向这些优秀的学生看齐。具体评价方式可以是自评、互评、老师评价、学校领导评价等多种方式的结合，而对于评价内容，要体现素质教育的方面，突出全面，不能分数论，不仅要体现本专业的知识，还要对天文、地理、历史、医学等方方面面进行一定的涉猎。同时对学生的日常行为规范也要进行评价，通过这样的评价能够增进学生们之间的感情，培养他们的团队意识。

最后，要建立学生行为习惯评价成长档案。高校在实行大学生"三自性"管理模式的基础上对特殊群体学生的德育实行档案管理制。学校对学生的行为习惯表现实时存档，根据学生的行为习惯的表现，不断探究学生行为习惯的成长规律，不断培养学生良好的行为习惯。例如：高校可以根据学生在学校期间的表现，依据学校制定的德育得分制，对学生的个人行为习惯进行评价，这个评价可以作为平时奖学金评比、三好学生评比、参加各种大赛的重要参考。

（2）坚持个体评价与社会评价相结合

实施多元化的德育评价方式目的就在于鼓励德育评价的方式从他评为主的外在形式向自评为主的内在形式转变，其主要的方式就是坚持个体评价与社会评价相结合，通过个体促进整体。也就是说通过社会的评价，让学生们认识到自己的不足，在今后的成长过程中，激励自己向好的榜样看齐，激励自己时刻去评价自己的行为，让学生们心里时刻有杆秤，按照德育评价标准来衡量自己平时的行为习惯，知道哪些行为是对社会、对自己不好的，哪些行为是在平时的生活中要提倡的。

无论是社会评价还是个人评价，都能让学生快速成长，提高学生对自身的认识把握能力，真正实现德育评价的最终目标。高校德育应坚持个体评价与社会评价相结合，切实提高评价的科学性、针对性，使评价既做到量体裁衣，又达到激励、强化的作用。个人与社会是不可分离的，社会是个人生存和发展的基础。学生在生活中要与各种各样的人打交道，只有处理好个人与他人的关系以及与社会的关系，才能在人生道路上少走弯路，实现自己的人生价值。

第四章 新时代高校德育队伍建设

在高校德育教学中发挥重要作用的德育队伍，不仅可以把学生德育理论的基础打扎实，还要对学生进行正确的思想引导。本章分为高校德育队伍的组成与作用，高校德育队伍建设的现状分析，高校德育工作者素质提升的实现路径三个部分。主要包括高校德育队伍的组成，高校德育队伍的教育引导、管理服务和实践育人的作用，高校德育课程教师队伍和辅导员队伍建设现状，提升高校德育工作者素质的各种途径等内容。

第一节 高校德育队伍的组成与作用

一、高校德育队伍的组成

（一）专职德育工作者队伍

专职德育工作者队伍是高校德育的主要力量，是德育工作的骨干和核心，是指那些专门负责领导、组织和实施学生德育工作的党、政、工、团各级组织和各部门工作的人员，这支队伍通常被称为政工干部和学生辅导员。具体包括学校党委分管德育工作的副书记，学校分管德育工作的副校长，学工部、宣传部、团委及各个分管德育工作的院（系）党委（总支）副书记、副主任以及专职团干部、辅导员、班主任等。专职德育工作者队伍是学校德育总体规划的设计者和实施者，他们的主要作用是贯彻党的教育方针和密切联系学生思想的实际，制定德育计划，直接从事德育工作并组织兼职德育人员和其他教育者，采用灵活多样的形式和方法，调动受教育者的积极性，认真、有效地实施德育计划，实现德育工作的各项具体目标。[①]

---

① 张再兴，等.高校辅导员队伍建设理论与实践 [M]. 北京：人民出版社，2010.

（二）德育理论研究及课程教学队伍

德育理论研究及课程教学队伍主要是指那些专门从事德育理论课教学和研究的教师，这支队伍统称高校"两课"教师，他们政治上坚定可靠，具有深厚的马克思主义基本理论修养，具有扎实的德育教育理论基础，具有较高的科研能力和组织教学、教育活动的能力。他们同时担负着直接用马列主义、毛泽东思想、邓小平理论、"三个代表"重要思想、科学发展观以及习近平新时代中国特色社会主义思想武装青年学生头脑，帮助学生学会运用马克思主义的立场、观点、方法观察问题，分析问题和解决问题的任务。①

此外，他们还通过教学研究，帮助学生掌握科学的思想品德修养方法，不断提高辨别是非的能力和抵制西方消极不良思想侵袭的能力，从而坚定青年学生对马克思主义的信仰、对中国特色社会主义的信念、对党和政府的信任以及对中华民族伟大复兴的信心。

另外，"两课"教师还负有加强德育科学研究、丰富发展德育科学理论，为德育系统提供科学的理论依据，指导德育工作的实践活动的重任，并兼有帮助德育专职工作者提高理论水平的任务。

（三）兼职德育工作者队伍

兼职德育工作者队伍是指专职德育队伍以外的其他力量，主要包括除专职德育队伍以外的教育工作者、德育理论及课程教学以外的其他学科教师等。在行政系统中从事管理工作的人员，在教室、实验室、图书馆等岗位上直接从事与教育教学活动相关的辅助人员，以及在资产管理、后勤医疗服务等岗位上的其他专业技术人员，他们都是学校实施德育的广泛的、重要的力量。② 各学科的任课教师具有人数多、分布广，文化课知识、专业理论知识和技能娴熟，随时可结合本学科教学渗透德育的优势，他们同样发挥着潜移默化的德育作用，体现了全方位落实教书育人、管理育人、服务育人的良好理念。

同时，社会力量也是学校德育队伍的有效补充。充分发挥社会力量的作用，可以使学校德育融入学校、家庭、社会的大德育体系中，实现德育的整体化、系统化、社会化，可以增加学生社会实践的机会并提高德育质量。

在三支队伍中，专职德育工作者队伍具有协调、调动、安排其他德育队伍和其他力量的作用。只有将上述三支德育队伍紧密结合，才能更好地发挥德育队伍的整体功能，从而实现全员育人。③

---

① 金国华. 高校教育教学改革与创新探索 [M]. 桂林：漓江出版社，2013.
② 金琪. 和中育人：浸润中华优秀传统文化的德育探索 [M]. 上海：上海教育出版社，2017.
③ 詹万生. 和谐德育论 [M]. 北京：教育科学出版社，2008.

二、高校德育队伍的作用

（一）教育引导

教育引导功能是指高校德育队伍通过制定德育政策、制度，及教学管理、纪律制度考核和奖惩措施等手段，因势利导，有领导、有计划、有步骤地对德育对象开展马克思主义中国化最新成果和社会主义核心价值观"进课堂、进教材、进头脑"的系统教育的功能。教育引导功能是高校德育队伍的核心功能。坚持教育引导功能，要紧紧围绕立德树人根本任务，以培养学生良好的思想素质和道德品质为中心，通过功能的发挥，努力使学生既能掌握马克思主义基本理论，又能以马克思主义理论为指导解决实际问题。

新形势下，高校德育队伍要充分发挥教育引导功能，必须注重方式方法的创新，努力改变单纯说教的传统模式，不仅要告诉学生"是什么"，而且还要指导学生懂得"为什么"，帮助学生学会"怎么做"，着力启发自我、自觉，引导实践，从"授人以鱼"的传统教育引导功能向"授人以渔"的新型教育引导功能方向拓展。

为此，当代高校德育工作者不能仅满足于进行理论灌输和教育活动，还要进一步加强对青年学生思维观念、思考方法的引导。具体来说，德育工作者既要着重研究高校德育与国内外社会环境、社会发展及高校师生的思想品德素质要求的适应性，又要着重研究德育教育的群体与个体关系；既坚持宏观上对整个被教育群体的教育引导，又重视对不同个体的个别指导或辅导。

总之，高校德育队伍教育功能向引导、辅导方向拓展，走出传统的封闭、狭窄的"说教"天地，广泛汲取系统方法、控制方法、目标方法、信息方法等适应新形势需要的科学技术理论和方法论，具有十分重要的现实意义和长远意义。

此外，高校德育教育还要善于借鉴相关学科的理论知识，如教育学、心理学、伦理学、社会学、政治学等，运用一切有利于德育教育的现代教育工具和理论模式，形成德育教育发展综合化的认识论，将德育的教育引导功能进一步拓宽、拓深。

（二）管理服务

管理服务功能是指高校德育队伍运用德育教育的特殊手段，通过德育工作的特定渠道和方法，对德育对象在重大是非原则问题上进行教育疏导，对他们的健康成长给予关心，并给他们的工作、学习和生活排忧解难的功能。管理服务功能是高校德育队伍的基本功能。应当说，改革开放以来，高校德育队伍在为师生的工作、学习、生活等方面做了大量服务工作，尤其在为学生成长、成才方面做出了巨大贡献。但在新形势下，高校德育队伍的管理服务功能还须进一步拓展。①

首先，新时代要求德育教育的内容、任务，应当更多地以服务形式和载体来实施，在实施服务的过程中有效地渗透德育内容。

其次，高校在办学机制方面的不断改革，使学校越来越多地赋予学生在专业学习上的选择权、自主权。特别是全国高校普遍实行学分制后，学生在校内可跨班、跨年级、跨系选修课程，有些相关学校甚至允许学生相互跨校选修。传统的班级管理、教育模式开始弱化，学校的教学管理和学生的需求愿望出现了前所未有的新情况，这些都迫切要求高校德育工作必须贴近社会经济发展对人才培养的要求和学生的成才愿望。

最后，立德树人的根本任务要求高校德育工作应当突出为培养合格人才服务的工作重点。为此，高校德育工作者应当进一步强化服务意识，拓宽服务领域，对学生的服务不能仅停留在一般的释疑解惑和简单的排忧解难层面上，要在深化高等教育综合改革的新形势下，进一步完善服务手段，努力构建促进学生健康成才的服务体系。要根据新时期青年学生的身心特点，热情指导他们正确认识自己、正确对待他人，学会集体生活，正确处理好各种人际关系。在重视对青年学生进行德育素质、科学文化素质、道德品质素质、能力素质等教育训练的同时，也重视对他们进行心理健康教育。在德育理论和德育实践的过程中要多融入教育学、心理学、社会学、伦理学等方面的知识和实践，突出心理疏导在德育方面的重要地位，更好地为培养学生健康的人格和健康的心理服务。

要借鉴国外大学在心理健康教育方面好的做法，如设立"学生辅导中心""学生成长中心"或"学生顾问"等，邀请教育学、心理学、伦理学、社会学等方面的专家对学生进行学习指导、心理疏导以及日常生活、社会生活和人际关系方面的辅导。

（三）实践育人

实践育人功能是指高校德育队伍把实践作为德育的有效载体和检验评估德育绩效的标尺，通过划出一定比例的教学时间，在教育教学过程中组织德育对象开展社会考察、调研，参与各种社会实践，使他们在实践中成长成才的功能。实践育人功能也是高校德育队伍的一项重要功能。近年来，高校德育队伍越来越重视德育实践活动的组织和指导，在人力、财力、物力上都加大了支持力度。

---

① 陈中建.高校德育系统工程研究 [M].南京：南京师范大学出版社，2015.

但是，从总体来看，高校德育队伍的这种实践功能，与新形势下高校深化综合改革的要求，与改革中人们思想认识、价值观念变化和成才需求相比，还需进一步拓展和扩大。为此，要从充分尊重师生的自主、自立精神，热情支持师生的交往、参与意识，切实关心师生的自身发展和成才需要，拓展德育队伍的实践功能。[①]

首先，要有组织、有计划地开展拓宽知识视野、提高实用技能的课外讲座或系列培训活动，提高师生，特别是广大青年学生服务社会的能力。

其次，要建立和完善大学生社会实践活动的组织运行与服务机制，努力使社会实践活动适应社会发展的新形势和新要求，指导学生在各种实践中获得自我发展的能力。

最后，与社会各级政府、部门建立广泛联系，以"共建""联办"等多种形式，跨院校、跨地区建立社会实践基地，努力探索社会实践活动的日常化、项目化和阵地化，更好地发挥高校德育队伍的实践育人功能。

第二节　高校德育队伍建设的现状

一、高校德育课程教师队伍现状

（一）高校德育队伍人员数量不足、结构不合理

目前，高校德育队伍主要由少量的专职人员加上部分的兼职人员构成，数量上不能满足高校扩招、学生猛增的需要，达不到德育的目标。另外，很多高校的课程教学、科研和管理服务队伍与德育队伍在分工上有脱节，教师只负责上课，职能部门只负责管理，一旦教职工和学生出现思想问题，第一时间也只能找到德育部门的人员，这种现象势必导致德育部门内部不能拧成一股绳。从外部来看，这种单轨制的力量，是十分薄弱的。特别是现在很多大学生思想问题的产生，根源往往都十分复杂，既有其自身的特定原因，也有社会大背景的因素在内，德育任务不可谓不重，仅仅依靠高校里直接与学生沟通指导的教职工队伍是完全不够的。高校应当制定可行的政策措施，对高校德育队伍进行科学的分工分配，充分调动其他育人部门的积极性，配合高校德育队伍人员的工作。地方各级主管部门也应该不断发挥社会、家庭在德育方面的作用，形成德

---

① 孙其昂.高校德育队伍建设的战略思考[M].徐州：中国矿业大学出版社，1996.

育工作的合力，改变传统的单轨制，形成多管齐下的机制，强化高校德育队伍的育人作用。

（二）高校德育队伍缺乏合理的考评机制

高校规模扩大，高校师生数量不匹配的问题凸显，在对教师考核的过程中，多数高校侧重的是对学历、职称和教学成果等方面的考核。长期以来由于德育工作的管理体制不健全，德育队伍中专业能力高、实践经验丰富的人员比例偏小，很多工作也处于专业性不强的层次上，比如传送各级文件、传达各级精神、筹办各种活动、召开各种会议等。由于目前人才资源以及工作环境的限制，在实际中考评高校德育工作者时无法与其他课程教师使用同一标准，这也更加限制了德育队伍中高水平、高层次人才的进入，德育队伍整体素质无法得到提高，工作并不能满足德育目标实现的需要。

（三）高校德育队伍建设投入不足

高校扩招，高校规模普遍扩大，但高校的经费来源有限，经费的使用就必然要有严格的预算。土地征用、校区建设是现实硬件需要；与学科教学科研相关的投入，不仅是学校软实力提升的要求，国家对此也有明确的指标。与之相对，德育经费以及相关场地和设备的添置所需的费用，不仅不是现实学校所需，同时也缺乏硬性的指标要求，没有投入，高校德育工作自然无法得到有力的开展，高校德育队伍建设也就无法进行。

（四）高校德育队伍角色定位错位和迷失

辅导员是大学生成长过程中亦师亦友的灵魂工程师，是大学生思想政治教育以及管理的主要实施者。事实上，这也是所有的高校德育工作者对自身角色的准确描述，也应当视为他们职业发展的目标。这种最类似于学生人生长河中"摆渡人"的身份定位，来自一种理想化的教师品格，即在思想上、学习上和生活中都能对学生提供指导和支持。而这种标准，一般是很难做到的。德育队伍有服务的功能，由于大学生仍然有较强的依赖性，在工作中，德育工作者很容易不自觉成为"保姆"，忽视对学生自立能力的培养。

德育队伍的管理功能，在工作中有天然的地位差别，又很容易将德育工作者推到"警察"的身份上。德育工作应该建立在平等的师生关系之上，管理不是管教。在具体工作中，德育工作者需要经常提醒自己，以免出现迷失和错位。

二、德育队伍建设视角的整体提升策略

德育工作队伍对高校德育而言非常重要，如果要推动高校德育发展，就必须要注重德育队伍的建设。自媒体时代，高校网络德育的发展仍需注重以下问题，如高校必须完善德育队伍结构，建设一支自媒体应用意识强，懂得借助自媒体、擅长自媒体操作的高素质的高校德育队伍，这样才能真正地落实网络德育工作，开拓出一条适合大学生的自我德育之路。

（一）完善高校德育队伍结构

在高校育人体系中，德育队伍存在的价值在于，保证社会主义办学理念、积极践行党的教育理念，同时将大学生培养成合格的社会主义建设者和接班人。在高校德育工作中主要的负责人大体分为三大体系，分别是学校党政机关干部、社科教师和辅导员、德育教师、班主任等。在现代化社会中，高校德育队伍的构成要求其实很高，只有当该队伍顺应时代又维持较高的素质水平时，才可以顺利地开展高校德育工作。简而言之，在这个时代，如果高校要开展德育工作，德育队伍必须利用网络互联网多媒体等才能达到目的，通过多元化的德育方式来确保德育工作中既具备传播学，又包含互联网技术、德育教育学等内容。因此各大高校在落实德育工作时，必须要以实际情况为主，在原有队伍的基础上建立起符合要求的德育队伍。只有以各大领域的工作人员为主力军，才能推动德育的发展，并通过德育引导学生走上正轨。当德育队伍结构的完善度和专业性水平较高时，才可以依据当前的高校发展趋势，设计出正确的前进方向，并通过合理的建设工作，使学生们通过高校德育改善自身存在的某些不足和陋习，传承与创新高校德育教育。

（二）提升高校德育队伍的自媒体意识

如果教育者需要根据当前的发展趋势来开展相应的教育工作，就必须研究并把握当前的宏观背景。根据发展趋势和内在规律更新现代教育理念，落实相应的指导工作，这不仅是时代要求，同时也是专业化趋势中的行业要求。只有当教育者懂得通过该方式落实教育活动时，才可以运用教育管理服务，逐步转化为现代化的教育方式，并通过合理的教育技巧，使学生对其抱以信任、认可的态度。由此可见，如果要建设符合时代标准的高校德育队伍，就必须要将该队伍的自媒体意识作为突破点，当队伍的自媒体意识较强时，才可以更好地落实相应的德育工作。

1. 德育工作者应提高自身对自媒体德育工作的认知

自媒体被大部分人称为适用于传播信息和交流沟通的现代化网络平台，但部分高校的德育工作者并没有正确地利用，反而重智育、轻德育。在德育过程中，他们常常单方面地灌输，并未通过沟通交流的方式传递相应的德育内容，引导学生掌握正确的网络德育知识。虽然自媒体的功能本身非常多元化，但在目前的德育模式中，高校并未充分发现它的价值。

针对大学生群体而言，德育的作用是引导大学生形成正确的价值取向，体现大学生群体的德育状况并构建大学生的价值理念。众所周知，自媒体具备新颖、形式多样的特征，如果将其作用于高校德育工作，可以让大学生的校园生活更加丰富。此外，自媒体也可以利用舆论导向，营造出适合网络德育发展的高校校园文化氛围。为此，德育工作者必须深入了解自媒体的德育功能，并通过改变陈旧思想，掌握自媒体存在的意义和影响；高校德育工作者必须要深入探讨自媒体的作用，再将自媒体与德育工作相结合，最大限度地激发大学生自我德育的主体意识。

2. 加大对高校德育队伍自媒体素养的培养

教育的重点在于受教育，站在学生的角度，高校德育工作者就是培养高等人才的教育者，如果该人员具备良好的媒介素质和能力，那么对于德育工作开展的实际效果是十分有利的。媒介素养运用思想最早诞生在20世纪30年代的英国，关于媒介素养，学者们最认可亚历山大教授提出的概念。该教授认为人类在使用自媒体时，具备显著的主动性，媒体素质高的人不仅可以接收内容，同时也可以创造内容。当他们了解社会政治内容，又懂得利用编码在线系统时，可依据个人能力传播网络德育的相关内容，并以此体现出该团体的责任心。在自媒体时代，传统的德育方式和方法，根本无法与时俱进，所以对高校德育队伍的要求也会随之提高。

一方面，相关德育工作者必须学习并掌握当前的网络技术，提升自媒体操作能力和运用能力。在日常生活中，他们要熟悉各大新兴自媒体的内容和特点，比如微博、微信、贴吧、知乎以及各种论坛等使用率比较高的自媒体平台，大胆地探索、创新运用自媒体开展德育工作的新思路和新路径，充分发挥自媒体在高校德育中的各种功能。

另一方面，学校在开展德育工作时，必须要保持积极的态度，在规定时间内组织相关工作者进行培训，通过培训提升德育工作者对自媒体的应用水平与熟练程度。众所周知，自媒体的使用者可以自由发表言论，这一高自由性特征，对高校德育工作者而言是非常重要的，但也正由于此，高校德育工作者必须要充分了解自媒体的使用方式。如果遇到了正面消息，需要保持积极态度，如果遇到突发状况，也需要及时将事实的真相找寻出来，尽可能掌握话语权，再加上合理的干预，避免危机散播。

3.鼓励德育队伍积极参与自媒体建设

《现代汉语词典》指出"参与"实际上就是参加，比如事务所计划或讨论、事物处理的参加。按照主题讨论的划分标准，可将"参与"分为主动参与、被动参与两类，而自媒体更偏向于前者，相关工作者保持积极的态度，充分发挥自媒体平台的作用。换言之，高校德育工作者必须以自愿的态度加入并接受自媒体平台，再通过该平台落实高校德育工作。

（1）高校应鼓励德育队伍使用自媒体

参与自媒体的前提条件是加入自媒体，校方应持鼓励的态度，引导德育工作者开通个人微博、微信等自媒体账号。德育工作者通过自媒体打造出更符合大学生视角的内容，在了解自媒体的基础上重点整合自媒体平台上与德育相关的信息资源，巧妙地把自媒体和日常的德育相结合，通过课程教育引导舆论方向，使学生从心底里接受德育。

此外，高校官方自媒体还应针对德育开设专栏，营造出更适合德育队伍建设的氛围。大部分高校在日常教育中，都会通过自媒体平台开展德育，但其实效能较低，甚至有许多高校都是以自媒体的方式宣传无关德育的内容，并未合理地管理、利用官方自媒体。

因此，高校不应仅仅局限于开设官方的自媒体平台，还应在此类平台上开设德育专栏，联合德育工作者正确引导网络舆论，激发大学生的自我德育意识，只有这样才能利用这一平台使高校德育队伍和大学生之间保持良好的互动关系。

（2）高校应提倡自媒体与课堂相结合

部分学者认为，网络就是成人学生的"第三课堂"，且该课堂中并无教师这一角色，这对"网络意见领袖"成长很有帮助。换言之，第三课堂即为实践教学，如果想在自媒体领域中把握主动权，就应将自媒体引入第一课堂和第二课堂。前者主要通过教材、教学大纲制定教学内容，教学时间也有规定，将自媒体引入第一课堂，使现实课堂与虚拟课堂相结合，能够以网络带动课堂，大学生的主体性、独立思辨能力和自主学习能力都会得到相应提高；第二课堂主要是学生的课外活动，在该课堂中，如果教育者懂得利用自媒体的力量，重视高校德育中大学生的主体地位，与学生取得良性沟通，就能使师生之间更为广泛的互动变为现实，从而提高高校德育的针对性和实效性，使自媒体德育功能得到最大限度地发挥。

（三）提高德育课程管理

教师是德育课程实施的主体，为了迎合社会的人才需求，教师及管理者不能止步不前，而应该紧随时代步伐，不断更新知识储备、丰富专业能力、提高职业操守，进而提升整个德育管理队伍的师资力量，具体可以从以下两个角度出发。

1. 提升德育授课教师及课程管理者的道德素养

教师作为知识的传播者，要在学生中起到一个标杆、模范的作用，提升自身的道德素养能很好地引导学生良性品德的形成。因此，教师自身要紧跟国家的步伐、紧随党的领导，秉持与社会主义核心价值观一致的理念，尽可能地感染身边的学生，引导其形成正确的、优良的价值取向。

除此之外，要不断提升德育教师及课程管理者的专业知识和业务素质。作为德育课程的主力军，德育教师应该在专业知识上有着过人的掌控能力，要紧跟时代步伐，不断更新自身的知识储备，还要适当涉猎其他相关的知识内容，让教学内容更加丰富和全面。这样一来，不仅能提升自身的专业水准，还能更好地影响每一位受教育者。教师不仅要充当知识传播者角色，还要充当学生的朋友、亲人，要给学生在生活上、情感上以及其他方面一些合适的意见，以便他们形成正确的三观，实现德育课程的目的。

2. 发挥班主任和辅导员的力量

给予大学班主任和辅导员一定的关注，发挥其在德育课程管理过程中的力量。在以往的德育课程管理过程中，往往只关注任课教师和管理者的作用，可能忽略了辅导员和班主任所发挥的功能。辅导员和班主任作为与学生接触最多的人，发挥的作用也是巨大的。因此，班主任和辅导员自身的综合素质和德育水平也在潜移默化地影响着学生德育观的形成、影响着德育课程的最终成效。国家也陆续出台相关文件以发展辅导员和班主任队伍，例如 2006 年颁布的《2006—2010 年普通高等学校辅导员培训计划》就明确指出，普通高校要不断加大资金投入，积极培养辅导员队伍，逐渐提升辅导员及班主任队伍的综合素质。2017 年的《普通高等学校辅导员队伍建设规定》中指出，提升辅导员队伍的专业化是提高德育课程管理师资队伍建设的重要方式，具体可以借助集中培训和讲座学习等方式实现。例如黑龙江省普通高校要求必须紧抓德育课程管理的师资队伍建设，不断提升任课教师、管理者、辅导员以及班主任等人的专业素质和专业能力。这样才能更好地为学生提供思想上的引导，也能更好地提升当代大学生的道德素质，进而提升整个德育课程管理的实效性。

第三节　高校德育工作者素质提升的实现路径

一、专职德育工作者素质提升策略

教师是人类灵魂的工程师，是人类文明的传承者，承载着传播知识、传播思想、传播真理，塑造灵魂、塑造生命、塑造新人的时代重任。高校德育队伍的综合素质提升，也是高校德育教育工作传承与创新的重要途径。

通过对德育工作者的德育素质进行分析和探讨，了解当前德育工作者德育素质存在的不足及出现这种不足的原因，并针对以上方面，对德育素质各个层面进行有针对性、策略性提升的方法如下。

（一）提升政治素养

作为学生道德理论知识的直接施教者，德育课教师的教学效果对学生道德观念以及道德行为习惯的养成具有直接的影响。首先德育教师要坚定政治立场，不发表与马克思主义相悖以及对我国社会主义制度抹黑的言论。只有具备了坚定的政治信仰才能引导学生正确学习马克思主义，形成坚定的思想意识和人格品质。

（二）提升心理素质

高校应优化社会环境，提升德育工作者的福利待遇水平，使德育工作者有充足的底气。改善德育管理，适当组织德育工作者系统学习前沿性的德育理论知识，与时俱进，更好地"对症下药"。同时，高校应及时、客观、公平地对德育工作者的工作进行评价。管理者要根据不同德育工作者的劳动性质和质量，进行科学的评价，开展德育工作者心理咨询无偿服务，加强对德育工作者的心理素质训练，消除其现实性焦虑和道德性焦虑。

在教育者的权威上，恰当地使用权力即合法化地使用权力，可以使德育工作者进行有效的德育渗透，并能强化权威地位。相反，对权力的无用或者滥用将导致集体反感和分化，造成反教育的后果。这对权力资源是一种消耗，会降低教育者的权威性。为此，可以建立一套权力制约机制，消除权力滥用或者误用可能带来的消极后果。

（三）提升科研素养

理论作为一种精神力量，可以在实践中转化成物质力量。较强的理论性是德育课鲜明的特征之一，它要求教师在具有专业理论知识的同时能够运用并将其转化为生活化的语言，提高学生的学习兴趣。由此，教师要增强自身科研的能力，提升教师的科研素质。

首先，德育教师应阅读马克思主义相关的经典著作，只有对其进行精读、研读，才能系统掌握哲学思想，才能讲透其相关理论知识。

其次，要踊跃参与学术研讨活动，通过与骨干教师的经验交流，获取先进的教学经验，开阔视野并获得职业归属感，以他们为榜样，高标准地要求自己，推动自身的进步与发展。

最后，要积极参加专项课题研究。专项课题的研究工作是一项系统的工作，教师在参与的过程中，可加深对专项课题的了解，提升自身的科研实力。

（四）提升思想素养

高校德育教师要坚持以理想信念为核心，加强对学生世界观、人生观、价值观的教育，坚持育人为先、身体力行、表里如一，坚持实事求是、作风民主，坚持德育教育的敬业精神与责任感。学校要整合校内资源，鼓励青年教师深入课堂，与有经验的教师形成"以老带新、以新促老、共同提高"的成长模式。青年教师要积极参与公开课、研讨课、示范课以及竞赛课等活动，在活动中反思自己的不足，吸取他人的优点，促进教学技能的提升。德育课要与时俱进，德育课教师应自觉将党的新思想、新方针、新政策引入教学内容，指导学生学习经典、解读经典，引导学生用辩证的观点看问题。

（五）提升德育意识

在德育意识层面，德育教师主动向高层次靠近。在培养主体活动的德育意识中，德育教师不仅要为人师表，以身作则，还要时刻以自己的个性为德育手段感染学生，在最高层次上即德育主体的主体意识培养上，综合多方面的素质，将完善的自身道德与德育意识水平发展相结合。

（六）提升德育能力

德育工作者要树立起强有力的责任意识，消除和避免不良社会心理因素的困扰，坚决抵制和消除德育工作者的责任涣散意识，学会统筹、平衡各种责任的轻重缓急与先后次序，充分运用移情和换位能力。德育工作者需要去了解学生，与学生交流沟通，只有这样，才有利于自身德育能力的提高。

（七）提升道德素质

职业角色道德方面，在教师示范教育训练中，德育教师应按照不同时期的社会政治、经济、文化的客观需要，不同时期人们的社会心理环境，科学地设计出适合本阶段的角色规范、职业品质。除此之外，还可以有针对性地进行能力训练，并恰当地运用自身所掌握的德育原理处理各种道德问题。个性道德方面，德育教师应尊重个性品质的发展，提高自己的人格修养，将二者都纳入道德素质的范围进行考虑。

二、兼职德育工作者（高校辅导员）素质提升

高校辅导员，又被称为德育辅导员，承担引导学生正确认识世界和中国发展大势、正确认识中国特色和国际文化、正确认识时代责任和历史使命的重要任务，责任重大。信息爆炸时代下，高校辅导员要通过借助特定人群、特定思维、特定技术，占据传播市场高地。要让高校辅导员作为传播者被听见，更要让学生作为受众听进去；要让学生作为传播者把反馈传出去，还要高校辅导员作为受众收到反馈积极改进。高质量落实育人工作，双向联动全面提升高校辅导员队伍整体素质。

遵循马克思主义发展观，任何事物都在不断发展和变革中，直到无限趋近符合当下情况的最佳状态。所以，用老办法去解决新问题是行不通的。当困境成为既定事实，不能听之任之、置之不理，而是应该感知解决问题的使命感，积极创新，出谋划策。高校辅导员是开展大学生德育教育工作的骨干力量，严格的层层选拔机制确保了这支队伍有能力开展工作，但更重要的是有能力被听见、被听进去，形成沟通闭环，促进有效对话的生成。

辅导员是立德树人建设中的重要一环，作为教师，其可以在实践教育、能力训练、人格养成等方面开展一系列的教学活动；作为管理干部，是连接师生、学生组织与校内外的有效纽带。辅导员工作任务的质量和水平，在一定程度上决定了高校"立德树人"任务完成的质量和水平，辅导员队伍是形成全员育人格局的重要组成部分，因此提升高校辅导员的素质对于高校德育的传承与创新也有着重要的作用。

（一）明确辅导员育人职责

根据文件要求以及结合各级各类高校实际情况，每名辅导员至少需要做200名左右学生的人生导师与知心朋友。一支优秀的学生干部队伍能够帮助高

校辅导员减轻很多工作压力，而组建一支年轻的发声队伍则能够帮助高校辅导员牢牢掌握住在学生群体中的话语权。年轻人最懂年轻人想要什么、喜欢什么、能接受什么，引导年轻人用年轻人喜闻乐见的方式开展年轻人的工作，把握这场师生传播体系中的最佳发力点。千头万绪不能一手乱抓，应厘清思路，抓住重点，以点带面，解决好"谁传播"的问题。

辅导员集管理、服务、育人等多个任务于一身，"繁、杂、多"是其工作的主要特征。面对繁杂的日常工作，往往疏于自身理论知识的学习、忽视了自身的育人职责。学生的学习效果直接受辅导员人格魅力和专业水平的影响，辅导员要通过对相关政策的学习以及培训，提高自身修养，增强涵养。

一方面，辅导员要通过政策学习，对自己的育人角色拥有清晰的认知。辅导员既是育人工作的骨干力量，又是学生成长的引领者，要坚持"育人为本、德育为先"的理念，恪守爱国守法原则，从学生出发，增强学生的认知能力、文化素养等，培养家国栋梁。

另一方面，辅导员要通过培训平台提高自身素质。刚步入岗位的辅导员缺乏实际的教育和管理经验，要进行马克思主义理论、管理学等课程的学习；在培训中增强综合素质，改进工作方式，并向其他辅导员学习工作经验。

（二）提高辅导员理论素养

辅导员要以身作则，潜移默化地影响学生。辅导员对学生的教育主要是通过处理生活琐事体现出来的，他面对的是价值观和世界观未定型、思维活跃的大学生群体。网络时代下，知识以碎片化的形式存在于各个"角落"，辅导员要做育人工作，需要有宽广的知识面和深厚的人文底蕴。

辅导员要具有丰富的教育知识和社会文化知识，要系统掌握马克思列宁主义哲学思想，用唯物论和辩证法的观点去分析当代学生思想实践的问题，通过网络学习理论知识，提高理论学习能力。辅导员要增强自身学识，坚定马克思主义立场。同时，辅导员要有政治敏感性，关注国家的发展动态，阅读党的重要文件和文献，关注最新理论问题，提升马克思主义理论素养。

（三）增强辅导员能力素质

辅导员应将获得的相应理论运用到工作中，提高工作成效。能力决定成效，辅导员具有较高的能力素质是增强工作成效的重要保障。大学辅导员需要具备组织、管理、沟通、创新、学习等能力。

首先，管理和组织能力代表着执行力。一个辅导员要管理很多学生，甚至是管理着不同专业的学生，他们有着自己的思维、观念。面对一群思维活跃、专业知识不同的个体，辅导员应具备管理组织能力，应加强对班干部的培养，充分运用班干部对班级进行组织和管理。辅导员要经常组织学生活动，从活动的策划到活动的结束，通过实践活动促进组织和管理水平的提升。

其次，辅导员要具备沟通能力。学生之间的生活习惯、语言交流具有差异，避免不了摩擦，辅导员要与学生保持沟通，对学生进行系统的了解。辅导员也要与时俱进，运用网络媒体与学生进行互动。

最后，具有创新和学习能力，是提升辅导员人格魅力的重要路径。学生的思维是一直在变化的，辅导员要不断转变教育思维、学习党的理论知识、学习先进的教学技术、学习时代化的教育模式，从现实生活出发，不断对教学语言和形式进行更新，促使学生"走进"德育教育，实现育人功能。

（四）创新辅导员德育思维

高校辅导员应冷静面对师生群体间越来越大的思想代沟与年龄差距，主动出击，学着理解新事物，接受新事物，使用新事物。同时，不能只顾单打独斗，各自为政，要正确看待新旧更替，发挥团队力量，借用个人特色，承担能承担的工作，共同打造特色传播平台。让团队中学习能力强的人学习新技术，让团队中创意好的人构思传播方案，让团队中最有影响力的人承担内容扩散工作，达到合作共赢的效果，解决好"传播什么"的问题。

传播个体既要善于借用自动推送等功能定时传播非紧急信息，通过强提醒等功能反复传播紧急信息，确保信息保真、有效，确保受众反馈及时；同时，也要积极反馈工作中遇到的问题与困难，方便研发部门做相关领域突破，发展新技术，解决好"怎么传播"的问题。

除上述内容之外，在提升高校辅导员德育素质方面，对其进行有计划的培训是很有必要的。有些高校辅导员，在从事德育工作以后，对专业德育知识的学习会逐渐淡化减少，导致在解决新情况时，会犯"本本主义""教条主义""经验主义"的错误，所以应该时刻有意识地去更新德育理论知识。

总之，辅导员的德育素质提升需要在德育意识、德育能力、道德素质、心理素质以及权威性等多方面进行培养，不可偏颇。

第五章　新时代高校德育内容的
传承与创新

我国高校的人才培养工作正逐步进入内涵发展、改革升级、全面提升人才培养水平的重要阶段。德育内容是德育教学中的核心构成部分，是承载教育的重点输出方式。因此，在全新的时代，面对全新的挑战和机遇，德育内容的传承与创新是培养具有丰富的知识体系、灵活的实践协作能力、良好的人文素养与敢为人先的创新精神的复合型人才的重要手段。本章包含高校德育内容概述、高校德育内容体系的确立、高校德育内容的丰富与发展三部分，主要有高校德育相关概述、高校德育内容体系构建理念、公众号与高校隐性德育教育内容发展等内容。

第一节　高校德育内容概述

一、高校德育的主要内容

青少年时期是人生良好道德品质形成的关键时期，高校德育作为培育人全面发展的首要任务，包含丰富的内容，对其进行研究，能够更好地把握德育的价值和重要性。

（一）爱国主义教育

爱国主义教育是指对大学生进行热爱祖国并为祖国献身的思想教育形式。作为新时代的青少年，必须要树立正确的价值观，要热爱祖国、拥护中国共产党的领导。同时，对大学生进行爱国主义教育要立足时代发展背景，使爱国主义理念深入学生内心。

（二）理想信念教育

理想信念是人们丰富自身精神世界的关键，一个人只有拥有坚定的理想信念，才能坚定自身，找到正确的人生方向。大学是人生中的一个特殊的时期，大学生的生理年龄虽已成年，但心理年龄还不够成熟，在复杂纷乱的社会环境中，容易迷失自己，因此对其进行理想信念教育的重要性更加重要。理想信念教育能够帮助大学生树立正确的目标，并使之不懈奋斗，同时也能够提升大学生的思想境界，避免其误入歧途。[①]

（三）集体主义教育

集体主义是新时代公民德育的重要内容，集体主义是与个人主义相对的概念，是指个人应当服从于集体。加强大学生的集体主义教育，有利于培养大学生热爱集体、重视集体利益的优良品质，从而改变部分大学生自私自利的错误思想，增强社会主义集中力量办大事的优势。

（四）劳动教育

劳动是社会得以发展和进步的重要因素，热爱劳动也是中华民族的传统美德之一。当今社会人们的生活水平不断提升，一部分大学生在父母的百般呵护下长大，缺乏劳动观念和劳动意识，因此要帮助大学生树立正确的劳动观，使其树立热爱劳动、艰苦奋斗的意识，这样才能为社会主义事业的发展贡献更多的力量。

（五）自觉纪律教育

纪律是人们共同遵守的规则。不论是在社会、学校还是在家庭，每个地方都有需要遵循的规则和纪律，纪律教育能够使大学生在校园中时时遵守校规校纪，不做违反规则的事情，在今后的工作和生活中也能够自觉地遵循党和国家的指示，一心一意跟党走，全心全意建设祖国，避免做出违法乱纪、阻碍国家发展的错误行为。

（六）心理健康教育

心理健康教育是根据学生心理发展的规律，运用心理学的教育方法，培养学生良好的心理素质，促进大学生整体素质全面提高的教育。个体身心健康是一切学习和工作的前提，心理健康与人的正常生活以及人际交往也有着密切的关系，心理健康状况良好的学生更容易融入集体，能与教师以及同学更好地相处，从而全面健康发展。

[①] 陈永春.浅析当代大学生理想信念教育 [J].现代物业，2013，12（4）：58-60.

（七）人道主义与社会公德教育

人道主义和社会公德是人类社会共有的美德。当今社会存在着人与人的距离逐渐增大的现象，与过去相比人们似乎变得有些冷漠，而部分大学生受到这种社会现象的影响，对社会中的冷漠习以为常。在这种社会现象下，高校更加要注重培育大学生助人为乐的精神，拉近人与人的距离，使社会能够更加和谐地发展。

（八）民主与法制观念教育

民主与法制是构建和谐社会，增强社会稳定的关键，因此社会主义民主与法制教育就显得尤为重要。社会主义民主与法制能够使大学生对国家的发展具有更加清晰的认识，了解基本的法律知识，使其能够正确地辨别对与错，从而更加清晰自己的权利和义务，提高法制意识，更加自觉地做到知法、懂法、守法，避免违法行为的出现。

（九）科学世界观和人生观教育

科学世界观和人生观教育，是大学生树立正确观念的关键。正确的世界观和人生观能够帮助大学生找到正确的人生方向。当前社会复杂多变，而大学时期的学生身心还不够成熟，无法自觉抵制社会中的各种诱惑，容易产生错误的观念和想法。所以在对大学生进行德育教育时，世界观和人生观的教育就显得尤为重要。

二、高校德育内容存在的问题

（一）德育内容设置单一

这里所指的德育内容单一在一定程度上可以理解为模式的传统和内容的僵化。目前，我国对德育工作越发重视，先后出台许多文件来促进其健康发展，并提倡在"以人为本"的基础上开展相关工作。而部分普通高校未能完全掌握文件提倡的理论内核，仅从优化或改革德育管理的体系出发，忽视了德育的基础——德育本身。

科学的德育设置要求学校在开展德育知识性教学时，投入相应的精力到德育环境的营造中，即满足社会和学生的隐性德育需求，这一点又体现出高校在德育设置方面的单一性，也是对隐性德育的忽视。

（二）德育内容的设置缺乏趣味性

目前，大多数学校和教师在课程设置上往往依据教学大纲，机械地完成教学任务。在此过程中未能很好地关注学生的兴趣点，课程缺乏趣味性。德育教学是教师与学生双向配合的过程，从教师的角度看，在选择德育内容和教学手段时要同时兼顾课程本身的时效性和趣味性，更好地激发学生的学习信心。从学生的角度看，学生应积极发挥主观能动性，配合教师和学校，完成德育的学习，掌握德育的要点，并在日常的学习和生活中学以致用。因此，德育内容设置问题是德育实施质量的重要影响因素之一，学校和管理者应当对其内容的科学性、趣味性给予更多的关注。

（三）隐形德育教育内容缺失

首先是新媒体时代外部环境的冲击。当前，推陈出新、海量多样的德育资源利用新媒体平台进行传播，提高了信息传播的速度。新媒体的普遍运用和推广深刻地改变了目前高校德育的环境和对象，同时也更新了德育的途径、方式和手段。网络上充斥着的各种类型的文化资源都在以不同的方式影响着众多网民的生活和学习，而在社会文化大环境特别是商业网络文化的影响下，高校大学生的思想极易波动，高校德育也极易受到影响。

目前，高校隐性德育内容资源开发利用的程度有所提高，但资源内容不够丰富，开发和利用的方式相对单一，且高校内支撑隐性德育内容建设的技术相对不足，创新程度不高，不足以与网络上其他文化资源相抗衡。高校隐性德育资源的开发利用要赶上新媒体时代大环境的更新速度，就需要更科学的规划、更多样的开发和更高效的利用。高校德育在内容上需要具备一定的稳定性，同时在开发利用隐性德育内容资源时要与时俱进，融入新时代、新形态、新内容，一定程度上迎合新媒体时代环境的新变化。对于网络上的众多资源，高校在建设隐性德育内容过程中既要坚持自己的特色性和典型性，又要吸取众多网络资源的长处，博采众长，取其精华去其糟粕。在发挥新媒体优势的同时结合传统媒体的特点，发挥自己的特色，坚持本质，吸引大学生的阅读兴趣，克服娱乐化和低俗化倾向，减少新媒体时代为建设隐性德育内容带来的难题和阻碍。

其次，高校对隐性德育内容的不重视。高等教育一直注重人才的全面发展，但由于传统的德育方式相对落后老化，学生的需求得不到满足，一些高校出现了教学和科研水平逐渐上升而德育教学水平下降的现象，甚至出现了高校提倡的所谓的"全面发展"只注重学生对知识和技巧的掌握、部分能力的提升，像学习能力、科研能力、人际交往能力等，而忽视学生的心理发展水平和思想道德素养建设的现象。培养人才是高校的主要任务之一，仅仅通过一些德育理论课来促使学生形成良好的道德观、价值观、人生观是不切实际的，也是远远不够的。一些高校对于学生的德育教育、心理辅导只停留在表面，相比学生的实际情况和德育需求，反而更注重形式。因此，高校要采用受教主体更易接受的、不局限于套路的德育方法，让受教主体感受到德育内容，并内化在自己的三观中，形成良好的道德素养。

再次，高校网络德育资源的开发利用难度大。高校隐性德育内容资源的存在形式和传播路径都比较特殊，相比传统的媒介，具有一定的虚拟性，这在一定程度上提升了开发利用隐性德育内容资源的难度。一方面，隐性德育内容资源种类众多，资源内容丰富，数量繁多，彼此之间具有一定的相通性和差异性，在此基础上，这对高校德育工作者开发利用隐性德育内容资源形成了一定的阻碍。另一方面，这对相关德育工作者随机应变的能力和网络媒介操作能力提出了挑战，进而降低了其工作的积极性和建设隐性德育内容资源的主动性，甚至引发高校工作者的消极态度甚至抵触情绪。如此一来，降低了隐性德育内容资源的丰富度，隐性德育的相关活动就失去了意义，逐渐变得形式化和边缘化，最终由于隐性德育内容资源开发利用难度大造成的问题就直接影响到了隐性德育内容资源的建设。而且在开发利用隐性德育内容资源的过程中也存在一定的弊端，如缺乏一些实际性的保障，如技术、人力、制度等。

最后，教育部门对高校隐性德育内容资源的开发利用的指示工作多停留在宏观层面，缺乏明确具体的标准和制度。目前一些高校对隐性德育内容资源的开发仅限于浅层次、低投入的工作，其开发利用效果也差强人意。

三、高校德育内容的优化策略

（一）优化德育学科内容

普通高校德育内容主要以"思想政治理论课"为主，学校的德育内容主要以公共课的形式开展。所以，在进行德育内容管理问题优化时，不仅要构建三位一体的德育内容体系，还要对高校现有的德育形式及德育内容进行优化，具体可以从以下方面着力。

第一，以国家政策为指导，结合学校和社会的实际情况调整课程内容。具体来看，要以习近平新时代中国特色社会主义思想为基础，结合普通高校的实际情况，并以本地区的实际发展状况为依托，适当地调整理论知识的认知深度和课程内容。如今的大学生具有较强的接受能力和敏感性，对其进行德育教育时，就要抓住这一特点，实现思想理论课从枯燥的论述到知行合一的转变。在此过程中值得注意的是，不能过于强调理论知识，否则会引起受教育者的反感，降低整个德育内容的实效性。

第二，对不同阶段的学生，要设置不同类型的德育内容。对于刚步入学校的学生而言，要以基础性的理论知识为主，适当地增加社会发生的时事热点，用事件的形式宣导德育的重要性。对那些已经掌握或比较熟悉基础性理论知识的学生，要适当减少理论性知识的传授，更多地将近期发生的热点新闻引入课堂，通过对事件的分析，达到增加德育新内容、传递德育新知识的目的。具有时代特征、与时俱进的前沿性课程要适当增加，让学生在了解时事的同时提升自身的正直性，发展成为符合社会需求的人才。

第三，德育内容要求教育者要根据实际情况对课程内容进行实时调整，不能脱离社会发展，而是要通过课程本身引导学生运用所学知识以及掌握的技能去发现现阶段存在的问题，并运用科学的世界观、方法论投身到社会主义建设中，将自身的发展与国家的发展紧密相连。除此之外，在更新德育学科课程内容时，不能与学生实际脱轨，所涉及的事情均应与学生的实际生活相关，提高学生的兴趣和关注度，在潜移默化中实现德育的最终目标。

（二）丰富隐性德育内容

普通高校的德育，不仅要紧紧抓住实践课和理论课，还要充实隐性课程内容，实现显性课程与隐性课程同步发展。具体可以从以下两个角度出发。

第一，积极营造优良的校园文化环境，主要包含精神文化和人文氛围两个方面。前者具体指班风、校风和校训等思想内涵，后者则是指校园建筑、自然景观以及基础设施等环境氛围，两者相辅相成，共同引导学生形成积极的价值观念。因此，作为德育内容的管理者和实施者都应积极投身到文化建设中，借助健康的文化氛围，感染校园内的每一位学生。这样一来将在无形中形成良好的学风、校风等，隐性德育内容才能更好地发挥其功能。学校还应该适时举办一些彰显德育重要性的文化活动，比如走访敬老院、孤儿院，或举办社会公益活动等，让学生在接触中感受到德育的力量，真正达到德育的目的。

第二，要以互联网大数据为依托，建立完善的互联网德育内容体系，即德育内容网络系统。利用网络传播速度快、实时性、便捷性的特点，将德育内容与互联网相融合，实现普通高校德育内容管理持久战。《国家中长期教育改革和发展规划纲要（2010—2020年）》将互联网技术应用的重要性推到一个新高度，文件要求运用互联网技术为在校大学生建立一个健康、良好且适合大学生发展的"绿色网站"和信息共享系统。普通高校要借助网络特有的迅速、便捷、隐蔽等特点，通过创新将基础理论知识和实际案件结合，向受教育者传授德育内容，引导学生朝着良性健康的方向发展，更好地实现德育内容的实施，以及确保德育内容管理的实效性。

第二节　高校德育内容体系的确立

一、高校德育内容体系的基本结构

（一）育人目标

德育育人目标是构建德育内容体系的最终目的和方向归宿。高校德育教育工作是我国教育体系的重要组成部分，作为影响人、改造人的社会实践活动，理应遵循新时代教育方针，牢牢把握"四个服务"的原则，始终坚持立德树人的教育任务。坚持以人为本的理念，将大学生的现实需要作为出发点和落脚点，不仅要武装学生的头脑，更要引领学生的全方位发展，培育德、智、体、美、劳全面发展的社会主义接班人和建设者。

（二）育人主体

德育育人主体是开展德育内容体系的人力基础和基本保障。学生在接收思想政治教育信息的过程中，受各种社会关系的制约，一切人的行为习惯、思想观念都可能成为影响德育教育工作成效的因素。

思想政治教育工作不是单单依靠专职教师、党务工作者就可以实现的，高校所有的教职工（包括教师、管理人员、服务人员、辅导员等）都承担着育人育才的重要使命。环境是由人来改变的，而教育者本人一定是受教育的。教育者的专业程度、师德水平、政治站位和道德修养都对大学生起着很强的表率示范作用，是德育内容体系中的关键主体。

此外，大学生不仅是思想政治教育的作用对象，也是思想政治教育工作的直接参与者，是全方位育人体系中的核心主体。一方面，思想政治教育工作要从学生入手，围绕学生实际。另一方面，同辈群体影响的力量不容忽视。因此要改变以往单向度的教育模式，调动学生自身的内在积极性、创造性实现自我管理、自我教育，引导学生在交互中自觉、主动地强化自身的学习意识和能力。[1]

---

① 马志强．隐性维度下独立学院思想政治教育发展探析[J]．和田师范专科学校学报，2011，30（2）：72-73.

（三）育人过程

德育育人过程是体现高校全方位德育育人体系蕴含规律性、持续性和针对性的必要条件。任何事物的发展都是量变和质变的统一，不管是教育本身还是学习发展均具有过程性，是在不断地与外界进行信息交换和互动中实现的，这就要求思想政治教育不仅要贯穿高校教育教学全过程，还要贴近学生成长成才的全过程。

全过程育人一方面体现在高校思想政治教育工作要贯穿从学生入学到毕业的各个阶段，既要符合思想政治教育的内在逻辑，也要符合人的发展规律，有侧重点地解决学生的现实需求和期待的阶段性目标和内容。另一方面体现在高校思想政治教育工作要实现与中小学段、社会发展需要的有效对接，减少不必要的重复性教育输出，体现教育工作的渐进性，提高效率，形成长效的育人机制。[①]

（四）育人空间

德育育人空间是突出高校全方位德育育人体系"处处在育人"的客观环境、载体、方式的必要前提。思想观念在存在方式和状态上具有非线性的特点，开展思想政治教育工作，要从其学科本质特点出发，打通课内和课外、现实与虚拟、校内和校外的脉络，明确显性实物和隐性文化的不同空间方位，融合理论教育和实践引导线上和线下的多种载体，创新心理育人、管理育人、资助育人、组织育人等多重路径，统筹各个环节、各个机构的育人资源，确保各项影响因素发挥积极正向作用，营造无处不在的思想政治生活氛围和气息，形成由上而下、由内而外的立体化育人空间。

二、高校德育内容体系构建的理念

（一）强化价值引领

从价值引领的作用上看，任何一个时代，一个社会的发展进步都离不开价值引领的强大感召和激励。科技创新、全球化互动正在改变着我们的生活状态和交往方式，充分发挥社会主义核心价值观的价值引领作用是当前应对多元思潮冲击的强心剂，是维护我国一元意识形态的稳定器。在社会主义核心价值观的共建共享下，我国越来越多的公民自觉地建立起强大的"中国信念"，培

---

① 王成.高校思想政治教育全程化有效路径研究 [J].吉林师范大学学报（人文社会科学版），2019，47（2）：95-100.

植起深厚的爱国主义情怀，推动着我国向着中华民族伟大复兴的中国梦不断奋进。

一个群体内部具有强大的价值导向吸引力，可以强化主体的角色意识，明确责任边界，增强群体凝聚力和自信心。从思想政治教育的学科特质来看，思想政治教育与其他社会自然科学不同，其实质是在观念、思想、精神层面对公民进行影响、改造的哲学社会科学，是知识内化与行为外化的双重统一。因此，高校进行思想政治教育工作的每一个环节，都要充分认识到价值引领的重要性。

高校全方位德育育人体系的创建，首先需要明确体系中主体需要遵循的共同的价值原则和导向，始终把立德树人作为贯穿所有环节的红线，牢牢把握正确的教育教学方向，抓住学生与教师这两个主体，在"共情"中强化思想政治教育主体对自身身份的认同感，打通各主体间的情感通道，激活其主体育人力量，"心往一处想"的同时，确保最终形成的德育育人体系合乎规范，向着正确的道路和方向迈进，从而保质保量地完成时代、社会、国家、党所要求的德育教育工作目标，构建高校德育教育工作的同心圆。

（二）挖掘资源功能

德育从来都不是由单独存在的几个点构成的，它不仅仅是高校或者专职德育理论课教师的专属任务，或是只局限在课堂之内的工作，而是一个由多因素教育资源联动的有机系统。马克思主义系统观告诉我们在认识、处理和改造事物的过程中，要以整体、全面、立体的眼光代替线性思维，要注意事物的各个方面，遵循其层次性，分析层次数量、顺序对整体功能的约束限制。

德育育人工作的开展建立在对教学育人资源的挖掘和利用的基础上，对于各个教学育人资源的挖掘是否足够深入、使用是否足够合理，都将会在很大程度上影响到思想政治教育工作的成效以及教育体系的纵向延伸。在高校全方位德育育人体系的构建中，要充分发挥每个子系统的育人功能，务必要深入各个角落来对德育育人资源进行评估整理，拓宽德育教育渠道和方式，尽可能地做到提升高校德育育人工作的资源选择空间，在提供创新教育平台和手段的同时，无死角、无断层地提高育人资源的价值功能，在"共建"中增强推动实际效能最大化，强化高校德育育人体系的可操作性。

（三）坚持协同联动

在各要素单独孤立存在时，拥有其特殊内涵的"质"，但因为某种联系与其他部分相结合而成为一个整体存在时，其个体的"质"就会转变为大于原质的新质。整体的功能发挥并不是简单的各个部分功能的叠加和陈列，离开整体和部分的关系，谈提升高校全方位德育育人体系的成效是不明智的。体系化是实现思想政治教育真正价值的本质要求。

在价值诉求明确、导向一致的情况下，高校全方位德育育人体系的优化必须厘清各子系统间的工作机理和内在联系，实现各部门、各机构间的资源共享互通、信息交流互动，才能大限度地发挥出高校全方位德育育人体系的整体功能，将高校全方位德育育人体系健康持久地运行下去。

因此，不仅要在顶层设计中，通过规划、分工构建齐抓共管的管理格局，统一领导，降低各育人资源之间的重合性，减少内部消耗。在人力、物力资源合理分配上，要在制度建设、学科支撑、教师队伍建设中完善保障机制，促进各育人资源同频共振，纵向延伸。而且，最关键的是在强化内生动力建设上，要从动机激励、过程监督、结果评价体系中加强高校全方位德育育人体系的反馈调节机制，提升体系内驱力，不断推动体系实现更新升级。也只有这样，才能推动各机构、要素由条块分割在协同联动中走向一体化建设，以"一盘棋"的意识搞活德育工作，在"共进"中切实提升高校德育工作的成效，实现高校全方位德育育人体系的可持续发展。

三、高校德育内容体系构建的时代价值

（一）有利于完善高校人才培养体系

在知识经济的背景下，人才是社会发展的第一资源。我国在社会发展转型的关键时期，对人才的素质、水平、能力有着更高的要求。大学生是民族、国家的希望，大学生的培养是教育主体的共同诉求。

习近平指出，当代高校要"构建德智体美劳全面培养的教育体系，形成更高水平的人才培养体系"，同时还强调高校在人才培养体系创建过程中，要对"学科体系、教学体系、教材体系、管理体系"几个主要层面做出变革，提升高校育人工作的整体水平和质量，做到思想道德、文化知识以及社会实践并重。思想政治教育工作在高校人才培养体系中处于统领地位，高校德育内容体系的构建正是高站位地对高校思想整治工作进行统筹谋划，是帮助高校人才培养体系补足短板、强化优势的必然选择，有利于新时代高校人才培养体系在适应社会的矛盾变化中不断进行完善、优化和升级，开创工作新局面。

（二）有利于提高高校人才培养素质

高校要"培养又红又专、德才兼备、全面发展的中国特色社会主义合格建设者和可靠接班人"，为"两个一百年"及中华民族伟大复兴的实现提供人才

支持；高校人才培养的总体目标是，"着力培养德智体美全面发展的社会主义建设者和接班人，着力培养担当民族复兴大任的时代新人"。

高校作为党的意识形态工作的前沿阵地，在多元文化渗透和冲击的大环境下，更要将意识形态阵地建设工作落实到位，为大学生的全面发展指明正确的方向。当前国际国内的形势复杂多变，大学生求知欲强、好奇心旺，思想价值观念极易遭受侵蚀，不利于健康"三观"的塑造，可能对其全面发展造成一定的负面影响。在对当代大学生的全面发展及综合素质的培养过程中，只有对他们施加正向的思想政治教育影响，才能为大学生的全面发展指引正确的方向和道路。

此外，高校德育内容体系着眼于新时代，从宏观视角将传统德育工作进行立体化升级，在不同层面满足大学生成长成才的需要，全育人且育全人，在理论与实践中、在生理上与心理上均切切实实提升其获得感、满足感。因此，高校德育内容体系构建的时代意义还体现在可以为高校人才道德素质水平的提升以及综合能力的增强提供强大助力上。

（三）有利于提升社会主义高校影响力

建设世界一流大学和一流学科，即"双一流"大学，这是我党在教育领域推行的一大重要战略，其中将打造具有中国特色和世界影响力的新型高校智库作为重点任务之一推进。长期以来，我国对教育工作都予以高度重视，高校建设工作也初步获得了一定的成果。但是，世界经济合作与发展组织公布的调查数据显示，2018 年中国 25～64 岁人口中受过高等教育的比例为 17%，而发达国家的水平基本在 40%～50%。由此可以看出，当前我国高校人才培养工作面临着巨大的挑战，与发达国家之间存在较大的差距，我国高校在世界范围内的影响力仍然较低。

习近平在北大师生座谈会上发表的重要讲话中，指出应当将立德树人视作高校全部工作成效的检验标准，并将其融入高校建设、高校管理的每一个环节之中，将立德作为教育工作的根本。这一表述充分强调了思想政治教育工作对于高校整体工作开展的重要性与必要性，也间接说明了高校全方位德育育人体系的全面构建不仅对"双一流"大学建设任务的推进具有积极影响，更关键的是有利于走出一条面向世界、面向未来的中国特色社会主义高校发展之路，在提升我国高等教育的整体水平的同时扩大国际影响力。

第三节　高校德育内容的丰富与发展

一、公众号与高校隐性德育教育内容发展

（一）克服内容的片段化和娱乐性特征

随着文化传播手段的增多，以及大众接收信息的方式的变化，信息传递呈碎片化、不系统的趋势。微信公众平台作为新媒体的重要组成部分，在日常的社交、工作和学习中都扮演着重要的角色，它的信息传播也具有碎片化的倾向。

因此，高校官方微信公众平台要克服碎片化的弊端。一方面要增强平台上隐性德育内容的可读性和整体性，注重每篇推送内容的质量，增强内容深度，使受教主体不只停留在查看和识别内容层面上，还使受教主体能够在理解内容的基础上受到影响和启发，并将德育内容内化吸收到自己原有的知识结构中。另一方面要增强平台上隐性德育内容的衔接性和系统性。它注重的是篇与篇之间的结构安排，拓宽平台隐性德育内容资源，提高其丰富度和多样性，从大量隐性德育内容资源中选取相关内容，考虑内容的排列顺序和组合结构，重新整合内容并有条理地进行安排，使内容具有逻辑性和系统性。

同时，高校官方微信公众平台作为高校官方对内对外的宣传工具，其地位决定了其角色定位。有些微信公众平台为了吸引粉丝，增加用户黏性，存在标题哗众取宠、内容空洞乏味、娱乐性强等问题。高校官方微信公众平台要克服娱乐性的弊端，通过改变呈现形式增加内容的吸引力。在对隐性德育内容进行编辑和呈现时，既要贴近受教主体的学习和生活，又不能过分地使用网络语言或口语化的语言，这就对团队内工作人员的工作能力提出了更高的要求。培养高校官方微信公众平台团队工作人员的非娱乐性意识，提升工作人员内容编辑能力，才能既符合高校官方微信公众平台的形象，又具有吸引力。

（二）强化校内隐性德育内容资源

校园文化内涵丰富，主要包括行为类、制度类、物质类和精神类校园文化。各类校园文化是高校官方微信公众平台上隐性德育内容资源的重要来源，也是校园隐性德育环境构成的重要组成部分。校园文化有利于教育和培养学生，为受教育主体提供正确的德育观念、价值观和良好的德育发展环境，形成全面发

展、德行良好、政治素养较高的个人，并为国家培养社会主义建设者和接班人，为中国特色社会主义服务。校园文化在很大程度上会促进学生的和谐发展，学生的思想动态会随着校园文化内涵的变化而产生相应变化，同时校园文化也有利于学生适应社会发展趋势和时代变化。在校园内利用各种综合活动或者社会实践活动强化隐性德育内容，一方面可以使学生心理素质在活动中发生变化，思想道德修养得到发展，对学生起到教育作用。另一方面可以丰富校园文化内涵，让学生更好地理解校园文化背后蕴含的德育内容，为校内隐性德育内容资源提供来源，以校园制度来约束学生、以校园环境影响学生、以师生行为及活动感染学生、以校园精神来振奋学生、以隐性德育内容内化学生的思想品质。各种校园文化相互作用，相互影响，要增强其渗透性和传承性，可通过策划宣传、文艺表演、体育活动、心理咨询辅导活动等方式来丰富校园文化，充分发挥校园文化的熏陶感染功能。对受教主体来说，校园文化能够起到直接或间接的导向作用，良好的校园环境会对受教主体的价值取向和发展方向产生积极的影响，激励受教主体建立自信，增强自豪感和荣誉感，同时培养受教主体的自主发展能力和独立能力。而杂乱无章、浮于表面的校园文化则不利于受教主体的身心发展，降低了其社会交往的有效性。因此丰富的校园文化，良好的德育环境有利于施教主体团队构建以高校官方微信公众平台为载体的隐性德育内容，促进其良性发展。

（三）利于高校打造隐性德育环境

1. 建立高校官方微信公众平台监督管理体制

一方面，高校官方微信公众平台作为高校网络新媒体的重要代表之一，具有普通新媒体平台自由性的特征；另一方面根据唯物辩证法来看，任何绝对自由的事物是不存在的，如此一来网络世界的自由也要受到一定条件的限制，高校官方微信公众平台也不例外。高校官方微信公众平台作为高校代表性的宣传媒介之一，平台上所发布的各种隐性德育课程资源都应在国家法律法规和校园规章制度的范畴内。建立高校官方微信公众平台监督管理体制是高校官方微信公众平台开展隐性德育课程的基础性工作。在高校官方微信公众平台上形成以制度保障为基础，以技术支撑和团队管理为重要辅助的监督管理体制，三效合一，保证高校官方微信公众平台上隐性德育课程资源开发利用的平等自由性和科学系统性。制度保障主要指的是增加高校官方微信公众平台上隐性德育课程资源开发利用的审核条件和标准，删除敏感词汇特别是具有消极影响的内容，净化隐性德育课程资源，保证整个平台发布内容的德育性和健康性。技术支撑指的是运用高校官方微信公众平台的后台管理系统，对整个平台的运营状况进行监督，主要包括整个平台受教主体对隐性德育资源的开发利用情况的反馈、粉丝数量的涨幅、阅读倾向变化等。团队管理指的是由施教主体团队的工作人员担任监督职能，进行人员培训，提高工作人员的工作能力和隐性德育课程资源的利用效率，为受教主体创造良好的德育环境。

（四）丰富隐性德育内容资源

针对不同的隐性德育内容资源，主要开发和利用家庭、学校和社会三方面的隐性德育内容资源，以形成校内隐性德育内容资源为主和校外隐性德育内容资源为辅的隐性德育内容资源库，构建"三位一体"的隐性德育内容资源网络，形成教育合力，最终构建相对完善的隐性德育内容体系。

1. 挖掘家庭隐性德育内容资源

家庭隐性德育内容资源构成包括家庭背景、家庭关系、家庭生活状况等，这些都将对受教主体产生影响。在官方微信公众平台上运用家庭德育资源拉近施教主体和受教主体的距离，可以使受教主体在感受亲切感的同时传递隐性德育内容。

（1）挖掘家庭隐性德育内容资源遵循的原则

以校内隐性德育内容资源为主，家庭隐性德育内容资源为辅。家庭德育内容资源是校内隐形德育内容资源的辅助和补充。校内隐性德育内容资源是整体平台隐性德育内容的主要组成部分，是学生"德育场"构建的重要内容来源，而家庭隐性德育内容资源作为辅助和补充途径，将丰富、充实隐性德育内容，二者之间的比例要协调，不可本末倒置。对于隐性德育内容的适用性和有效性，家庭隐性德育内容资源作为官方微信公众平台上推送内容的有效来源，在挖掘和利用时，要考虑它在整个平台中发挥的作用，以及是否适合作为隐性德育内容。在开发和利用家庭隐性德育内容资源时，要考虑教师和学生的身心发展特征和需求——家庭隐性德育内容资源要与师生教学的内部条件相一致。

（2）挖掘家庭隐性德育内容资源具体措施

开通家校联系的渠道，使平台与家长形成良性互动，将适合的家庭德育教育资源纳入学校德育内容内，如家庭成员或亲属的不同阅历及工作环境中所能提供的隐性德育内容资源，家庭中的优秀德育传统、旅游中的德育文化资源等。平台的施教主体要做好家长的回复工作，特别是对于家长在平台上的留言。良好的德育环境的创造，学生良好品质和行为习惯的养成，不能仅仅依赖学校层面的隐性德育工作，只有家庭、家长、学生共同努力和互相合作，才能充分发挥家庭隐性德育内容资源的作用，成为学校隐性德育内容的有效补充。

2.丰富学校隐性德育内容资源

（1）建立学校隐性德育内容资源的原则

首先，增强校内隐性德育课程资源的典型性和条理性。高校是施教主体和受教主体活动的主要阵地，是知识传播和文化交流的场所，而高校官方微信公众平台是系统性、集中性运用德育课程资源的重要载体，是构建隐性德育课程的有效途径。受教主体主要组成部分是学生，其在求学阶段的大部分时间都在学校。校园内的隐性德育课程资源对于学生的世界观、人生观和价值观都有着潜移默化的影响，它是隐性德育课程的不可或缺的重要组成部分，是建设隐性德育课程的必要环节。加强学校德育课程资源的开发和利用是一件关系高校德育发展的大事，基于官方微信公众平台的校园氛围涵盖校内学习和生活的方方面面，如校风校貌、师生关系、管理模式、员工表率和服务质量等。可通过一些相对外显的标志性符号来凸显学校特色，展示学校的历史和文化，在呈现过程中促进隐性德育的内化和吸收，同时区分官方微信公众平台与下设院校、部门的微信公众平台，降低受众主体辨别的难度。利用识别性较高的外显符号，学生辨别难度降低，平台隐性德育课程资源的推广和传播也相对容易。应增强自定义菜单的条理清晰度，以加大受教主体搜索隐性德育课程资源的便利性，降低资讯获取和查询的难度。自定义菜单尽量清晰明了，功能尽可能全面强大，这是将平台上隐性德育课程资源归纳整理的重要途径，有利于资源的协调性和系统性。同时平台将高校的官网链接、校内小程序、多个主题账号等全部整合，为隐性德育课程提供更完善、系统的机能。考虑学校特色，增强校本性，应对各高校之间的同质化现象，像文科、理科、工科特色的高校可以根据学校的特色及其活动，创造性地开发具有独特性的资源，从而建设更有特色的隐性德育课程。增强内容的趣味性和可读性，合理安排和规划隐性德育课程资源，提高对于受教主体的吸引力，促进隐性德育课程资源的打开率和传播度。

其次，激发校内隐性德育课程资源的灵活化和创新性。隐性德育课程资源内容丰富多样，存在方式也各有不同，这也就意味着在开发利用隐性德育课程资源时，要采用相对多样的途径和灵活的方法。不同类型的隐性德育课程资源，由于特点不同，要从不同的角度入手。物质层面的隐性德育课程资源，如校园内的各类建筑等物理环境，通过增强其文化内涵，使其体现学校的教育理念、办学宗旨等精神文化，受教主体在物质文化的熏陶中做出改变；行为层面的隐性德育课程资源，如师生先进事迹、校内外各种行为等，通过榜样作用来激发受教主体对于自身行为举止的反思和检查，提高受教主体自我教育的意识；制度层面的隐性德育课程资源，如高校的规章制度；精神层面的隐性德育课程资源，如"校风""校训"，社区文化等；都可引导受教主体的德育发展，净化受教主体的德育环境。

（2）扩宽学校获得隐性德育课程资源的具体途径

一是理论引导法，主要是指通过理论阐述使受教主体在理解理论知识的同时，引导他们的情感朝积极的方向发展，该方法主要包括理论阐述、理论学习与研讨、理论传播等。像新时代教育——全国教育大会的相关推送中，主要采用的就是理论引导的方法；相比之下，理论学习与研讨的方法更能使受教主体在不同专家学者、众多师生的参与中获得全国教育大会的主要内容，了解并内化全国教育大会的精神，以贴近受教主体生活学习等实际情况的方式方法进行理论的灌输与引导，更易取得理想的德育效果。

二是情境感染法，主要是指通过提供不同的德育情境，使受教主体在这些情境中潜移默化地受到影响，使德育意识和道德修养得到提升。它主要涵盖了以思想进步、品德高尚的榜样师生人物为主的人格感化，以培养受教主体审美情趣的校园环境为主的环境陶冶，和以寓理于情、以情动人文学艺术作品为主的艺术熏陶。这是高校官方微信公众平台上利用隐性德育课程资源的最主要的方法，也是更易被受教主体所接受和认同的德育方法。

三是活动体验法，主要是指受教主体在参与校园生活、体验校园活动的过程中，获得对世界的认知和改造世界的方法，提升受教主体的道德修养，培养良好的行为习惯。高校官方微信公众平台虽然是一个以线上活动为主的网络传播载体，但是它可以与线下的活动相结合，线上线下共同发力。线上推送为线下活动宣传造势，线下活动成为线上推送的延伸发展，二者相辅相成，有助于受教主体在体验中坚定正确的思想理念，同时也可以将线下直播放在微信公众平台上进行。

二、党建工作与德育内容的创新融合

党建工作需要充分利用思想政治教育的核心优势，在高校教育领域中与德育内容进行深度融合。思想政治教育是高校日常教育的重要组成部分，面向的群体是广大学生，他们对党的认识和了解存在一定的片面性和单一性，需要借助思想政治工作进行持续性的教育和培养，从而让学生群体进一步建立对党的了解和认识。在教学过程中，一方面，要融合思想政治工作的教育理念，让传统教学内容更加丰富和具体，以国家发展、地区建设以及个人成就为主要内容，实现现代大学生教学内容与人生发展的有效融合，既要深化传统教学内容，也要超越教学内容；另一方面，以党建工作为指引，构建现代高校思想政治教育新模式，增强广大学生的参与意识，使其从传统教学内容中感受思想政治教育内容的重要性和影响性，能够从传统教学内容中迸发出新的理念和认识，对党的了解更加深入和多元，对党员身份产生更多向往和追求。

教学内容的创新融合，既需要对党建工作与思想政治教育工作进行深入了解和挖掘，又需要探索二者的共通性和多样性，为高校学生的思想认知注入新的理念和文化，为高校党建工作的开展和实施增加新的价值和内容。高校党建工作与思想政治教育的融合，要着重研究二者的融合方向和融合内容，特别是在教学过程中，需要进一步强化教育内容的影响和关联，以及教学工作显现的潜在价值。

基于高校教学内容的多样性，选择相应的教学内容存在一定难度，这就需要强化相关教师对思想政治教育的重视程度，同时加强对教学工作的深层次研究和探索，助力教育工作的开展和实施。党建工作不同于其他工作，是党重要意识的延伸和代表，在教学中，需要进一步强调党建工作的重要价值，以及相关融合的重要策略，强化融合中的实践意义，丰富高校党建文化的形式，践行党的誓言，创新党的教育理念。创新融合策略不仅能够让学生群体深刻领会党的重要指导作用，同时也能助力党的事业创新发展，能够让学生以党的未来发展作为个人的人生追求。

三、专业学科与德育内容的创新融合

在国家重大战略深入实施、新经济形态发展和我国经济结构转型升级的大背景下，教育部系统部署，给高校人才培养定位提出了更多、更广泛的要求。德育工作者要用课程德育育人模式系统地研究高校教育中的德育运行规律，构建内容完善、运行科学的高校德育系统，应探索优化学科德育内容的有效途径，拓展知识传授中蕴含的价值引领，加强价值引领中凝聚的学科知识。

（一）拓展知识传授中蕴含的价值引领

专业知识除了具有显性的符号特征，即对物质世界探索的经验，还具有隐性的价值意义，可以影响人的思想、态度、价值观乃至整个精神世界。专业知识只有与人的品德深入结合才能促进人的全面发展。专业学科知识与德育有效整合的知识教育，是当代高校教育方式变革的核心内容，旨在赋予专业教育以价值引领和自我实现的存在方式，寻找教育中的人所应具有的能动性、自主性和创造性。可从以下几个方面进行改进。

1. 构建分层递进型德育内容模式

构建分层递进的德育内容以学生在各阶段的学习特点、认知情况及接受意趣为核心要素。一般地，大学四年级是实践教学阶段，围绕培养学生解决复杂问题的能力，开设综合实践课程群，在实施案例教学、项目式教学中要注重价值引领。大学各阶段课程内容之间要有内在逻辑关系，由简单到复杂，从小规模到大规模，前后知识不间断，前后知识在广度和深度上有区别，课程内容要不断深化、循序渐进地拓展知识传授中的价值引领，使学生逐步进行自我实现并快速融入日新月异的社会，掌握适应社会发展的终身学习的能力。

2. 促进专业教育与价值引领同频共振

当代专业人才不仅要解决实际问题，更重要的是对社会的贡献，因此要求培养的人才必须具备坚定的理想信念、正确的价值观与较强的社会责任意识。在专业教育中渗透价值引领，不仅培养学生应用专业知识分析实际问题的能力，还要培养学生应用人文知识解决非技术问题的能力，即人际交往能力、开拓创新能力、组织管理能力与自主学习能力。促进专业教育与价值引领协同发展，一方面，优化专业理论课程教学内容，改革传统的专业知识传授方式，深度挖掘与整合专业知识中蕴含的价值内涵，使专业教育的理论性与实践性相统一。另一方面，优化实践课程教学内容，价值不是以知识形式或理论呈现，而是以践行为主的实践呈现，因此培养学生知行合一的能力，使学生在实践中树立价值理念。

（二）加强价值引领中凝聚的学科知识底蕴

1. 开展专业特色志愿服务活动

志愿服务作为一门社会实践学科，在利他主义指导下，针对服务对象的多元化需求，应运用专业知识开展助人服务。从本质上讲，学生用所学知识服务社会时，有利于提高学生的社会责任感与自豪感，唤醒学生的主观能动性。志愿服务活动丰富了专业德育内容，凝聚了专业知识，让学生参与专业技能特色服务活动，不仅能增强学生的综合文化素质，还能培养学生专业知识技能。专业特色志愿服务教育活动注重挖掘个人潜能与优势，增加其解决社会问题与困难的能力，使学生适应社会生活，实现自我。[①]

2.夯实学风建设

儒家的学风是"修仁尚德、经世致用"。儒家认为学习是修身、齐家，最后治国平天下，在崇尚学习道德知识的同时也强调专业知识的学习和实践应用。因此，德育工作者要注重学风建设在德育中的主渠道作用，通过阶梯形学风体系开展主题沙龙讲座、学科竞赛，引导学生了解本专业的发展渊源、发展前景、专业课程，本专业的特点、专业地位，以就业为中心，加强组织教育，使学生从内心认识到优良学风的重要性，提高学习动力。[②]

3.拓展专业创新实践教育

高校作为培养高端专业人才的重要基地，必须顺应时代潮流，进行人才培养模式的改革。因此，要将创新创业教育与专业教育紧密结合，才能培养具有创新创业能力、专业技能、德才兼备的新时代人才。拓展专业创新实践教育，重点在于增强学生的综合素质，注重人格养成和知识教育互融共通。创新创业教育蕴含着丰富的价值引领精神，有助于培养学生的独立性，培养自我完善意识。通过在创新创业中融入专业教育，一方面，注重对学生在价值引领、管理运作、社会责任意识等方面的能力培养，帮助学生深入理解习近平新时代中国特色社会主义思想，强调学生在我国经济转型阶段担当的责任，使广大学生形成对创新创业理念及价值的认同，在创业的过程中把握正确方向。另一方面，强调理论联系实际，注重专业创新实践能力教育，将创新创业教育与全面深化改革及经济社会发展相关的专业背景紧密结合，注重对开放式、启发式、案例式等教学方式的应用，提高学生心理素质与知识技能素质。

四、红色文化与高校德育内容的创新融合

（一）红色文化在高校德育中应用的价值

1.政治教育价值

政治方向的正确性决定了社会发展和进步的方向，红色文化是经过实践证明的优秀文化，红色文化富有深刻的爱国主义内涵，它见证了中国共产党一路

---

① 栾静.基于实践能力培养的高职思政教育课程改革研究[J].山东农业工程学院学报,2019,36(12):167-168.
② 张娇娇,孔晓茵,杨晓寒,等."三全育人"视角下高校辅导员促进学风建设的对策研究[J].产业与科技论坛,2020,19(22):269-270.

走来为人民做出的贡献与付出，也印证了只有中国共产党才能带领人民走向幸福的真理。同时，红色文化也是以马克思主义为指导思想的文化，是在马克思主义中国化的基础上形成的符合我国政治发展方向的优秀文化。青少年对红色文化进行学习，能够加深对党的认识和理解，引领青少年热爱中国共产党，热爱社会主义，增强青少年对国家政治制度和政策的认同，以坚定其加入中国共产党，为社会主义的建设奉献全部的决心。

红色文化资源作为优秀精神文明的汇总，是具有深刻价值的文化。大学生在对某处红色文化进行了解之后，能够提升民族自豪感，进而增强其对党和国家的认同，因此红色文化对于高校德育具有重要政治教育价值。

2. 文明传承价值

文明传承是文化发展的重要步骤。红色文化具有深厚的精神内涵，红色文化中蕴含着爱国主义精神，正是因为爱国主义精神的引领，共产党员和人民群众才不畏艰险、艰苦奋斗；红色文化中蕴含着不畏强权、努力拼搏的精神，战争时期，党和人民运用聪明的头脑排兵布阵，制定各项战术，胜不骄、败不馁，面对强大的敌人没有退缩和逃避，迎难而上，努力奋斗；红色文化中还包含着艰苦朴素、踏实肯干、自强不息、英勇顽强等众多精神内涵，对红色文化事件以及其精神内涵进行深入研究，能够引导人民提升道德品质。因此，红色文化具有深刻的文明传承价值。

对于大学生来说，除了文化知识的学习，精神文明的建设也同样重要。红色文化在当地高校中的教育和传播，能够提升大学生对红色文化精神内涵的认同，使其树立正确的理想信念，提升道德素质，从而保持积极向上、奋发进取的精神状态。同时，大学生在提升自身的前提下，能够将红色文化精神传承和发扬下去，使红色文化精神内涵得以延续。

3. 历史印记价值

红色文化是历史的见证，它重现了党和人民艰苦奋斗的时光，每处旧址都是当年血与泪、拼搏与奋斗的精神凝结。当前人民生活幸福，安逸的生活会使人们放松警惕，而贪图享乐、缺乏危机意识是危险而可怕的，随时会导致危机和失败。悠闲安逸的状态会使部分人们忘记中国共产党带领人民一路走来的艰辛与不易，忘记我们的国家是如何从贫穷弱小一步步走向强大的。在这种情况下，红色文化的传播和弘扬就显得尤为重要，红色文化能够时刻提醒人民群众保持清醒的头脑，在幸福程度逐步提升的当下，也要清醒地记得中华民族是从苦难中走向成功的民族，是在党的领导下走向繁荣富强的民族，因此要拥护党的领导，同时时刻保持警惕以应对社会发展中的一切危机和困难。

当前大学生生活在温暖幸福的时代，在解决了温饱问题的情况下，容易放松警惕，被网络中、生活中各种不良信息所侵害。红色文化作为历史的见证，其所蕴含的精神品质，能够使青少年铭记历史与过去。因此，红色文化在高校德育中具有重要价值。

（二）将红色文化融入高校德育需坚持的原则

1. 坚持与时俱进的原则

与时俱进是教育教学应遵循的原则。红色文化在高校德育的应用中，首先要注重红色文化资源的与时俱进。红色文化资源的与时俱进体现在以下两点：一是对于已经运用到教育教学过程中的红色文化资源，要检验其是否发挥了教育价值，课程内容是否符合当下教学的需要，并且要对其教育教学形式进行创新，以便将其运用到多种学科的教育教学过程中；二是对于还未进行开发利用的红色资源，要随着时代的进步和社会的发展，结合实际需要，将其应用于教育教学中，以红色文化丰富德育内容。其次也不能忽视高校德育的与时俱进，高校在对学生进行德育教育时，要注重德育内容和德育手段的创新，顺应时代潮流，跟随学生心理变化进行教学，在保持先前德育成果的基础上更新和提升德育水平，以促进红色文化与高校德育的融合。

2. 坚持以人为本的原则

在高校德育中，一定要坚持以人为本的原则。红色文化在与高校德育相结合时首先要结合大学生的基本情况，教师要了解大学生对当地红色文化的认识情况以及自身的学习情况，根据其优势与不足制定教育教学方法，从而制定出更加适合当地高校学生的教学方法，使红色文化与高校德育能够更好地融合；其次，高校在安排德育相关课程时，也要坚持以人为本的原则，课程安排要结合当地红色文化发展情况与大学生的学习接受能力，在此基础上进行课程安排；最后，教师在课程教学时要根据班级不同情况以及每个学生学习基础的不同，通过各种教学方法进行教学，要注重因材施教而不是对全体学生一概而论，进行填鸭式教育。

3. 坚持知行统一的原则

知行统一原则是指在德育过程中要注重理论与实际相结合。红色文化在高校德育应用的过程中，要遵循知行统一的原则。深刻把握知行统一原则要注重以下两点：一是理论知识要与当地红色文化实际相结合，高校大学生要认真学习研究，掌握当地红色文化相关理论知识，红色文化凝聚了近代以来共产党员和人民英勇奋战的动人历史，大学生加强对历史事件及精神内涵的学习，能够更加深入的了解历史文化，丰富自身理论基础。二是理论联系实际的过程要联系每所高校的实际情况。一所高校就像一个小社会，高校之间的校园文化、学生情况都是不同的，因此要在把握高校实际情况的基础上，再结合大学生自身实际的生活，把握知行统一的原则，用红色理论知识指导生活。在工作和学习中，将理论与实际相结合，积极运用所学的精神文化知识，引领工作和学习的方向。

4.坚持因地制宜的原则

因地制宜是指根据不同地区的具体状况，制定与之相适应的德育方法。针对每个地区历史文化的不同，高校进行德育的方法也是不同的。要根据每个地区的文化背景、红色文化发展情况因地制宜地将红色文化进行充分利用。首先要结合各地红色文化资源的具体情况深入调查研究。其次，因地制宜原则也体现在要根据各个地区自然环境、地理位置等情况进行德育方法创新，要懂得利用地理优势，与附近城市的红色文化资源相结合，共同发展。

第六章　新时代高校德育方法的传承与创新

当前，信息多元化、文化多样化以及经济全球化趋势日益加深，大学生的思想观念受到严重冲击，这对学校的德育教学提出了新要求。目前我国的高校德育工作尚存在一些问题，不能满足新形势下德育工作的需要。因此，创新德育方法是当前高校面临的重要问题。本章分为高校德育方法概述、高校德育方法的合理性、高校德育方法的丰富与发展三部分，主要包括高校德育方法的科学内涵、德育方法合理性的必然性、高校德育教学方法改革的重要性等方面。

第一节　高校德育方法概述

一、德育方法的科学内涵

新时代应该明确高校德育方法的科学内涵，高校德育方法的科学内涵涉及德育方法的概念界定和含义等。全面认识和把握研究主题的科学内涵，是进行创新性研究的前提，是进行继续探究的必要铺垫。

（一）德育方法的概念界定

明确高校德育方法的科学内涵，需要从一般意义上明确德育方法的含义。因为高校德育方法属于思想政治教育方法范畴，只有明确德育方法的概念界定，才能深化对高校德育方法科学内涵的理解。准确把握德育方法的概念内涵需要对思想政治教育的含义做出科学认知。

德育对新时代科学认识多元社会形态和复杂社会问题具有重大意义，在人文社会科学教育中承担着重要职责和使命，与时代发展内容息息相关，发挥着为社会上层建设服务的功能，是必不可少的社会科学内容。尤其新时代的发展日新月异，德育要引导人们正确把握时代航向，要为人们认识世界提供各方面信息，担负着十分重要的社会教育职责。

　　同时，德育也具有科学性，关注社会问题，解释政治关系，探究认知规律，以一系列的范畴、原则、方法等展开教育实践活动，化解人们思想矛盾和问题，引导社会舆论发展的正确方向。德育历来是我党十分重视的"传家宝"，为党和国家的意识形态工作搭建平台、提供载体、明确思路，树立党的形象，维护党的威信，是国家政治生活的重要组成部分。同时德育也是人类社会中普遍存在的教育现象，在理论与实践上相互贯通，遵循着客观发展规律，回答社会文明进程中的新问题，解释现实实践中的新疑惑，为人们带来良好的思想舆论环境，具有学术研究价值。

　　德育广泛存在于人们的社会政治生活实践中，广泛存在于纵向的人类历史发展进程中，同样广泛存在于不同的地域国家中。人们往往为思想政治教育首先贴上阶级属性的标签，其实，在国家产生之前，德育就存在于氏族、部落等原始人类社会群体中，以非规范化、非制度化的形式影响着群体成员的思想与行为。自国家广泛出现，政党组织使德育发挥出功能，变为国家政治生活顶层设计的必然组成部分。德育迈进新的历史发展时期，阶级性成为德育的普遍走向和趋势，符合同一阶级人群的价值观念和利益需求，为一定阶级的阶级统治服务，并且也起到维护社会秩序、维持社会稳定的作用，达成一定社会政治目标。诸多学者对德育的基本范畴给予了解释，形成了一些代表性的观点，比如张耀灿教授认为"所谓德育，就是一定阶级或政治集团，为了实现其政治目标和任务而进行的，以政治思想教育为重点的，思想、道德和心理综合教育实践"。陈秉公教授认为，德育是"指社会或社会群体用一定的思想观念、政治观点、道德规范，对其成员施加有目的、有计划、有组织的影响，使他们形成符合一定社会或一定阶级所需要的思想品德的社会实践活动"。这些概念界定丰富了我们对德育内涵的理解，为我们更好地、恰当地开展德育实践打好了理论基础，为德育方法研究带来科学指导意义，有利于在教育实践中进一步创建出更加多样化、更加有效性的教育方法。

　　在把握德育含义的基础上，可以深入地把握德育方法的外延。从广义上讲，思想政治教育方法包括的内容广泛，凡是有助于达成教育目的与使命的手段、途径、工具、程序、思路等都属于德育方法。教育者可凭借方法要素营造出良好的德育环境，去除与教育目的不相容的成分，适应受教育者的思想发展需求，使受教育者的思想认识得到根本性的改造。德育需要教育双方广泛地参与进来，重构教育格局，尽可能高效率地解决教育难题，化解思想认识矛盾，对各种可能的教育困境做出快速反应。

　　从广义上讲，只要能够形成教育者与受教育者之间的有效互动，中间运作因素都属于德育方法部分。这些因素可能直接地发挥教育功能，可能间接地推进教育目的的达成，可能是教育情境中显性的教育要素，也可能只是隐性地存在于教育过程中。

从狭义上讲，思想政治教育方法是指现实教育规划中的实施方法，是可以落实规划的具体方法，直接对教育进展情况实施影响，去除妨碍教育目标达成的不利条件，对受教者起到实际的干预作用。日常所谈的思想政治教育方法主要是指狭义层面上的实施方法，强调具体的实际操作环节，更多考虑方法采用的实际教育效果如何，注重对现实局面的协调。各种实施方法之间不是孤立分离的，而是可以互动协调的，各种实施方法关系密切，各有优势所在。在确立和保证一般性方法科学运用的同时，可以配合独特方法的使用，对于一些通用性的方法，针对性的方法效果更为明显。教育者应当依据需要将多种实施方法纳入教育方法体系，综合应用各类教育方法，做到积极主动和灵活选择，多种方法并用。

（二）高校德育方法的含义

在前述明确了思想政治教育方法概念的基础上，还必须以此为依据深入分析高校德育实践，来进一步探究高校德育方法的含义。

学生群体是思想政治教育的重要受教育群体，与其他社会群体相比，有着自身的特殊性，所以开展学生德育需要充分考虑学生群体与其他群体的差异，需要采用适用于学生群体的合理性方法。高校思想政治教育方法就是以学生群体为教育对象，开展思想政治教育实践中所用的方法，通过一系列的方式、手段、程序等达到教育目的，完成对学生的思想精神改造、政治素质提升、道德素养增强等教育任务。高校德育方法为达成各学段学生教育目标而服务，需要学校管理人员和教育人员发挥积极性和创造性，不断加以丰富、改革及创新，以保障德育方法的正确运用。它为学生接受德育提供有价值的指导和帮助，满足学生群体的教育需求，促进学生成长成才。高校思想政治教育方法是思想政治教育方法在学生培养教育中的特定运用，从学生群体的特征和需求出发，属于整体德育方法的重要组成部分。

德育方法具有一般性、普遍性、广泛性，学生德育方法是以学生为教育对象、从中筛选出的特殊方法，契合学生群体的身心发展特点，符合学生群体的成长规律，是具体到学生层面的教育方法。以学生为中心，学生思想政治教育方法在既有的学校管理与运行中生成、改进、完善，通过不断的教育反馈，不断运用比较，固定成型。

在长期的教育实践中，诸多颇为有效的德育方法积累下来，德育教育环节安排上不断趋向合理，德育实现形式上日益多样化，教学类型上不断丰富，德育理论基础的阐释力越来越强，这些是对整体德育方法的重要补充和发展。这不仅在学校体系内发挥出显著教育优势，而且深刻影响着整个社会环境中的德育实践，成为具有普遍适用性的教育方法。学生德育方法以学生群体为受众对象，自成体系，分层分类，根据学生群体的差异性有着各自不同的方法侧重。按当前教育的学段设置，每一学段的学生都有自身的特殊性，各学历层次的学生学情都有所差别，意味着方法的施用需要考虑各自不同的教育侧重点，满足不同学生的发展诉求。学生思想政治教育方法需要展现出针对学生群体的教育特色和优势，根据学生多方面特征科学定位，了解学生思想动态，明晰学生发展不足之处，贴近学生生活实际。

若从广义上来界定学生德育方法，那么可以说凡是可以达到学生德育目的的方式、手段、工具等都属于学生德育方法，这将是非常庞大的体系内容，难以进行充分探究和详细把握，基于此，本节着重从狭义上去界定它的概念。从狭义上说，学生思想政治教育方法就是以学生群体为教育受众主体所选取的德育具体实施方法，是学生思想政治工作亟待明晰和解决的问题。为学生群体建构正确的思想价值观并非易事，思想认识的提高、政治素养的增强、道德情操的提升本身就是比较棘手的教育难题，难以用显性标准做出衡量。而校园生活是学生群体的主要生活内容，他们往往社会实践体验不足，政治生活了解不深，理论思维欠缺，所以选取科学高效的教育方法尤为重要。已有的探索研究已经积累了许多经验，但仍旧不足，应当继续以新时代的社会环境为背景，根据学生实际来灵活调整和创新方法。在具体教育实践中，一般性的学生德育方法包括理论灌输法、激励教育法、榜样示范法、说服教育法等，是教育者应当熟知和灵活运用的普遍适用性的方法。从适龄儿童入学至完成学业，一般性方法在解决学生群体的思想政治问题中起着主导作用，教育者可以有章可循地执行具体操作，教育效果明显。

与一般性方法相对应，在某些特定教育情境中，针对某些特殊的学生人群，教育者需要选择特殊的方法，以确保德育效果。新时代学生发展需求多样，学生德育具有长期性和挑战性，教育者需要贴近教育一线，加强方法的综合创新与应用，把学生德育工作落实到位。

（三）学生思想政治教育方法的特质

在明确了德育方法概念与学生德育方法含义的基础上，为了更加深入认识学生德育方法的特殊性，还有必要从思想政治教育方法与学生德育方法的关系角度来深入把握学生德育方法的特质。

首先，二者都面对着上位概念"方法"的界定，从根本上讲，二者都是为达成既有目的而采取的方式、思路、程序、手段等的总和。从哲学的角度看，方法是人们认识与改造复杂世界的工具，思想政治工作的有效开展需要加强方法研究，提升方法研究在整体结构研究中的重要地位。

当然，提升思想政治教育质量需要将对方法的认识升级到对方法论的认识，树立起全面正确的方法观，以科学的方法论指导方法运用，才能获悉更广泛更客观的对方法的认识，掌握主动性，这是二者都需要切实把握的思路。二者存在交集部分，其中很多计划方案可以通用，许多经验做法是相互融通的，二者可以相互汲取对方的优势，提升效率，充分完成教育的目的和使命，尤其是在一般性方法的施用上，二者可以具有较高的契合度。二者都是开放性的方法体系，二者的发展创新不会止步，当前二者均面临着新时代的历史方位、新的国内外教育背景，二者都需在崭新的时代布局中做出创新性的计划部署。在实际运用中，二者均存在一些短板，有一些亟须解决的难题，需要在今后的工作中继续攻坚突破。二者在最根本上都担负着教化育人的责任，着力培育合格的社会公民、弘扬良好的社会风尚是二者共同的目标任务。二者都关系到意识形态工作，必须牢牢把握正确的立场、原则和方法，增进对马克思主义指导思想的把握，加强科学理论武装，增进理想信念，加强党的基本路线教育，着力对受教育者的价值观念施加正面影响。同时跟随受教育者的实际情况变化，在具体工作中汲取现实经验，正确评估客观教育环境，全面分析多元社会思潮带来的复杂影响，积极应对复杂局势带来的挑战，充分发挥各种教育方法的育人效果。

其次，就二者外延来看，所涵盖的教育受众群体不同，这是二者最显著最根本的区别，德育方法的教育对象是一切社会成员，而学生思想政治教育方法突出学生为教育对象主体。由此，前者在外延上更加宽泛，它面临的是全方位全员育人的任务和更为复杂的教育关系，要对整体社会文化环境施加影响，在人民群众周围形成良好的社会风尚。

在当前国际形势和我国现有国情中，要对全体社会成员的价值取向和思想观念进行正面引导，尊重社会人群的文化水平差异，厘清复杂多样的思想观点，在全社会形成德育的风潮，创造更多优质的社会文化产品，多措并举，把握人心向背的力量。后者则是针对学生这一教育受众主体的方法，特指学校育人工作的方式方法，在范围上小于德育方法，是其重要组成部分。学生德育方法与学校教育紧密相关，要与学生成长规律相符合，与教育教学规律相符合，与学校师资水平相连，与学校种类和层级密不可分，受校风、学风、教风影响，也要考虑学生的专业背景等。学校的课程设置与教学工作都会对教育方法产生或多或少的影响，讲求全方位、全员、全程育人的教育环境有利于现有教育方法的创新突破。课堂是育人主阵地和马克思主义理论的主要传播基地，学校思政课是一个重要载体，蕴含着丰富的教育资源，树立起主流文化导向，坚定学生政治方向，学生德育方法要善于从中总结经验、寻找突破点，激发学生热情和潜能。当然，学校、课堂不会孤立于社会生活环境外，总是直接地或者间接地受到各种社会观点的影响，是社会政治生活的缩影，需要深入分析国家发展实践，提高思想认识。

最后，明确二者的区分和关联，有利于增进学生德育方法的选择与建构。两种方法在运用规范和标准上有所差别，对两种方法进行得到科学定位，是两种方法科学运用的基础和前提。针对适用于学生群体的德育方法展开探究，离不开对思想政治教育方法的学习借鉴，从中获取基础性的内容，以学生为教育受众主体形成可操作性的具体施用方法。部分学生群体社会生活经验不足，理性思考的意识和能力欠缺，思想不够成熟，情绪易冲动，法律意识淡薄，有时甚至会以极端的思想认识造成极端的破坏行为，无视道德与法律的规则规范，与其他社会人群相比，存在着更多的不足，更加需要切实可行的教育方法，加强和改进德育实践。只有以科学有效的高校德育方法去引导学生，广大学生才能在信息繁芜复杂的社会生活中做出正确的价值选择，保持稳定向上的情绪和理性平和的心态，增强社会责任意识，主动选择社会核心价值观。

如果只是从宏观层面泛泛而谈，与一般思想政治教育方法不做区分，满足于相对泛化的方式方法，不聚焦学生群体的特殊教育实际，那么定然不能回答学生群体的疑问，无法满足学生群体思想成长的需要，也不会顺利实现学生德育的目标。所以，保证学生群体沿着正确的思想轨道成长、解决学生群体的德育难题，还得依靠学生思想政治教育方法给予破解之道。

二、中国传统德育方法概览

中国拥有五千多年的光辉历史，形成了悠久灿烂的中华文明。在这历史长河中，儒家、墨家、法家、道家等思想贯穿于传统文化之中，其中儒家思想文化在两千多年的封建社会中居于主导地位，对人们的思想影响最大。在漫长的封建社会中，以儒家文化为背景，形成的中国古代传统的德育方法，主要以古代官学和私塾的教育方法为主，按照统治阶级的意愿和思想开展教育，为封建统治阶级更好地统治和管束臣民起到了重要作用，形成了长久、稳定、有序的封建社会形态。鉴于此，新时代学生德育方法整体建构应充分吸收借鉴中国古代传统德育方法的宝贵经验。

（一）注重自我教育的方法

新时代学生德育方法整体建构应该充分关注中国古代传统德育中注重自我教育的方法。在历史传统认知中，人们认可和遵从修身、齐家、治国、平天下的人生发展逻辑，其中可以看出"修身"处在最为初级的次序，注重自我的首先发展和完善，倡导个人自觉分析自身不足并加以改善，体现了一种自我教育方法，概括出自我的完善对于家庭、社会、国家将起到的重要影响。

在传统儒家文化价值体系中，"和合"居于重要的价值地位，首要的、最基本的就是个人身心的"和合"。个人要自觉地、有意识地改正不足，追求"和合"的精神使命和人生境界，进而实现人际范围、国家范围、天下范围的"和合"境界。可见，中国古代传统文化重视自我教育方法，追求个人进步达到完整的人格，强调了个人应当主动调整并改正自身不完美之处，探索诸多开展自我教育的具体施用方法和艺术。

1. 人要立志

传统儒家思想认为人活在世上，与其他事物不同，有自己的社会属性要求，不应当在物质拥有上沾沾自喜，不应当满足于安逸的物质生活，应当在精神追求上有所努力。这种追求体现在为服务社会的态度和能力上，把个人理想追求同社会生活发展需求对接起来，以个人的能力去改变社会，以个人努力实现更理想的社会生活。孔子讲"苟志于仁矣，无恶也"，说的就是个人要以仁义为志向追求，时刻以仁的要求约束自己的行为，共同构建和谐美好的生活环境。

2. 人要克己

儒家思想主张个人在社会生活中要加强对自我的克制和约束，要对自己严格要求，不能松懈，不能放任，自己的一举一动都要符合"礼"的要求，追求"仁"的境界。每个人都有自己的私心，切忌私欲膨胀，要提高自身道德标准，使个人言行符合社会品德的要求，严以律己，在道义层面严格要求自己，不得做出违背"礼""仁"的事情。只有克己复礼才能达到仁的一面。"君子求诸己，小人求诸人"。这主要是指要以平等的眼光看待别人，高度尊重别人，在与人相处中对自己要求要严格，而对别人要懂得宽容。

3. 人要力行

传统德育方法强调只有通过"力行"才能最终达到"仁"的境界，激励个人勇于行动，个人的实践努力对于自身知识和品德素养的提升是必要的环节，只有"力行"才能最终"近乎仁"，改善自身不足，成为德行贵重的人。这与我们现今强调的理论与实践相结合的教育理念不谋而合。学习和掌握一定程度的知识之后，人的思想充实，精神境界得到提升，懂得了更多的道理，增强了理论思维，之后还要进行实践锻炼，勇于践行，投入到社会实际生活中去，从而促进自身发展。

判断一个人的德行高低，不仅要"听其言"，看他日常谈吐是否符合道德标准的要求，而且还要"观其行"，看他日常行为活动是否做到了言行一致，能够力所能及地为他人、为社会做出一定的贡献。缺乏道德实践过程，不能算是成功的德育，道德修养的高低最终要看道德行为的落实情况。评价一个人善与恶、正义与非正义、品格高贵与道德无知的标准在于其日常行为表现，看其是否能够"力行"社会道德规范的要求，是否能够禁得住复杂社会生活的考验，是否能够正确调节个人利益与社会利益的关系。

4. 人要内省

传统文化重视内省的重要性，倡导"吾日三省吾身"的道德要求，通过不断的日常反省，端正自身道德态度，逐步达到更高的境界。在儒家文化中，主张自我反省、自我思考、自我审查，注重自觉地提高道德认识和道德体会，找出自身思想与行动中存在的过失，不断勉励自我，增强责任意识和道德意识，在不断的自我观察和自我判断中提升自身的道德层次，让自我言行更加符合道德标准的要求。内省要求每个人都要谨慎小心地审查自我言行，将"内省"作为惯常运用的道德修养方法，懂得"三思而行"，反复地省察自我道德行为与道德修养要求之间的差距，牢记道德规范的具体要求。

5. 人要改过

强调知错能改的重要性，世上不存在不犯错误的完美个体，每个人都会存在出错的可能性，出错受到既定惩罚不是最终目的，而是要改正错误、记住教训、不再重犯。孔子曾说"君子之过也，如日月之食焉；过也，人皆见之；更也，人皆仰之"。可见，个人的过错无法完全避免，最重要的是要全面地改正错误，勇于担负起自我出错的责任和后果，如果能够深刻地认知自己为何出错、错在哪里、如何改正，那么就是可以被谅解和接纳的，标志着个人道德修养水平的提高，可以成为众人学习和敬仰的对象。

总之，注重自我教育的方法是中国古代传统德育方法的突出内容，具有不可忽视的价值。在中国传统文化中，主张个人应当有崇高的道德追求，有诸多关于自我教育法的教育经验和成果，其中立志、克己、力行、内省、改过等方法仍然是新时代学生德育方法在国民教育诸学段整体建构需要借鉴的有效方法和经验，值得继续得到发扬。新时代学生思想政治教育方法整体建构中要特别注重每个学段学生自我教育方法的有效运用和建构。

（二）注重家庭教育的方法

新时代学生德育方法整体建构也应该充分关注中国古代传统德育中注重家庭教育的方法。注重家庭教育的方法是中国古代传统德育方法的又一个鲜明内容。在传统封建宗法制的社会背景下，封建家庭教育受到重视，形成了多种多样的家庭教育方法，以家庭为基本单位，子女及家人受到家风的熏染，获得基本的生活经验、处世方式和道德感知，社会主导价值细化深入到各个普通家庭之中，家庭教育成效往往对个人未来的德行素养起到决定性的作用。梳理中国古代传统社会中注重家庭教育的方法，能够为新时代学生德育方法建构中在每个学段做好家校协同育人提供一些有益借鉴。

1. 重视家训教育

在中华家庭文化中，家训文化有着重要的地位、发挥着重要的价值作用，对整个家庭教育都具有极大的引导力和影响力，可以说是最为主要的家庭教育形式，承载着家庭美德、社会良俗、家国情怀的教化使命。

传统家训文献篇目众多，并流传至今，其中最广为人知的是《颜氏家训》《诫子书》《袁氏世范》等篇目，仍旧发挥着重要文化感染力和渗透力。家训教育形式语言活泼、通俗易懂、贴近生活，更能适应家庭教育的需要，弥补了社会办学的不足，话语演说方式易于被接受和认可，更容易起到凝聚人心的作用，也更容易得到践行。

2. 重视家规教育

家规教育主要是指将家庭教育内容以规定和家法的形式固定下来，使之更具规范性和制度化，形成家庭或家族内部成员需要普遍遵守的行为规范，需要切实贯彻执行，是封建宗法制度在家庭内部的一个缩影，起到约束和管理作用。不同家族或家庭在家规内容上有着差异性，但也不是随意制定的，是收集各方家长的意见后形成的制度化设计，条理清晰，可操作性强，一旦家规成文公示，便在家族集体内部具有普遍的约束力。如果个人存在违背家规家法的举动，便会受到家规家法定制条例的惩处，如有违抗不遵者，通常会遭受强制性手段使之服从家族权威，通过强有力的家规家法达到惩善扬恶的目的。

3. 重视家礼教育

家礼教育意指家庭礼教，是家庭教育中的重要组成部分。倡行礼教在家庭教育中具有不可或缺的重要性，"不学礼，无以立"成为人们的普遍共识，使子弟子女知礼、懂礼、行礼是家庭礼教的目标。翻开《孔子家语》，可以发现《问礼》《论礼》《礼运》等篇章都在述说关于礼的教育，对后人家礼教育颇有启发意义。在《颜氏家训》中，也涵盖了诸多家礼教育的内容和方式，在其中的《风操篇》中就谈到"吾观《礼经》，圣人之教"，肯定了礼教在家庭教育中的必要性。在《颜氏家训》中可以找到大量关于家礼教育的部分。家礼教育从家庭中琐碎事务出发，具体周到，世代相承，与日常生活紧密相关，要求人们能够从微小处注重自己的言行，从而渗透到人们为人处事之中，形成深刻的道德认识和稳固的道德习惯。

4. 重视私塾教育

私塾教育方式在古代家庭教育中具有十分重要的地位，承担着在家庭内部开展教育活动的重要任务，是古代官学教育的有效补充，体现着私学系统的发展成就。在古代封建社会，求学者并不能都在官学教育体系中求学，而是多在私塾教育学校中积累和学习。官方办学接收的是皇亲贵族和达官显贵的子弟，普通人家子弟更多接受私学教育，私塾就是私学教育最为普遍和广泛的教育形式。有的私塾教育是家庭内部组织教学，聘请教授老师对子女开展个别教育；有的私塾教育是以私人学馆的形式开班办学。私塾教育形式虽然不全在家庭小环境开展，但它是与家庭教育紧密结合的。明清时期，私塾教育形式有了新表现，出现了族办书院，可以看作家庭教育的升级和拓展，家族子弟及同乡子弟都可在书院受教，逐渐使家庭教育走向社会教育形式，产生了较大的影响力。

5. 重视交游教育

顾名思义，交游指交友与游学，交游教育意味着学习者通过与良师益友的切磋学习新知识、增长新智慧，意味着在社会生活实践中积累新经验、增长新见识。交游教育形式是古代家庭教育的一大特色，体现了对社会实践的重视程度，通过躬亲实践来对自身知识见地加以检验，强调人际交往对于知识学习的重要意义，促进了良好人际的发展和社会化程度的提高。关于交友，孔子有"益者三友""友直，友谅，友多闻"的论述，荀子有"择贤友而友之"的告诫，都重视交友对个人品行的重要影响。关于游学，包括孔子在内的诸多大家都倡导在交游中增长见识、深察民情，实现理想抱负和社会价值，同时还赋予了游学寄情山水的哲学境界，从中提升道德品行。

（三）注重社会教化的方法

新时代学生思想政治教育方法的整体建构还应该充分关注中国古代传统德育中注重社会教化的方法。注重社会教化的方法是中国古代传统德育方法的重要内容。社会教化是古代封建社会中不可或缺的教育方法，体现出对社会环境教育价值的重视和发扬，主要以整体社会风气来熏染、影响和塑造人们的思想精神，通过利用社会习俗、乡规民约等形式，达到成风化人的教育目的。从本质上讲，封建统治阶级开展社会教化旨在维护本阶级利益，通过约束人们的思想世界达到巩固现实世界统治的目的。同时，社会教化活动有利于缓和社会矛盾、建立起良好的社会秩序、形成和谐的社会关系。

1. 社会教化的心理方式

古代教化方法与现代德育方法一样，注重对人的心理的关注和探索，在诸多古代名篇著作中都蕴含着丰富的心理教化内容，反映了对人的主体性的关注和对人的心理活动的体察。古代人们在日常生活和生产中逐步认识到，人与其他自然界生灵相比，思想更为复杂、行为更加没有固定标准，是最难以认识的生物有机体，要了解人就需要对人的心理方面多加探索、形成认识规律。在古籍中存在着"天人论""习性论""人贵论"等论断，在人内心深处探寻认识规律，体现了人与世界关系的哲学解释，同时也是心理学中典型的思想和论断。古代各家各派最为注重对人性的反复思索，在对人性认知的基础之上，找寻社会教化的现实之策，使教化系统自成一派，形成说服力强的教化体系。

以儒家思想为例，对人性善或恶的论证直接决定着社会教化的方向，人性论渗透于孔子、孟子、荀子等教化内容之中，虽然观点有所差异，但都从人性出发去找寻社会教化的方式方法。在古代教化中，普遍重视周围环境对人们心理活动的塑造力和影响力，因为人们个性心理的后天养成需要较长的时间，需要良好的社会环境，所以要努力破除阻碍人格发展的不利环境因素，营造有利于个性道德品质提升的良好社会环境。"贵和尚中"体现着中华传统文化的思想精髓，几千年以来影响着人们的价值观念和行为模式，集中表达了人们的处世智慧，潜移默化地影响着人们的处事态度和生活面貌。可以说，"贵和尚中"一定程度上标志着中华文化的精神内核，永久性、潜在性地深入人们的观念意识，是与西方文化的本质性差异。在儒家经典《中庸》中对"贵和尚中"思想做出了阐释："中者也，天下之大本也；和也者，天下之达道也。致中和，天地位焉，万物育焉。"这里阐释了万物"中"与"和"的演进秩序，表达了个体和谐、社会和谐、万物和谐的哲学指向。只有在个人和谐的基点上，才能化解人与人之间冲突，缓和复杂多样的利益矛盾，建立良好的社会关系，进而实现社会生活层面的和谐目标，最终达到万物的和谐境界。个人和谐包含肉体形体与内心精神两方面的和谐，要求个人正确对待外在诱惑和内心信念，正确处理好主观欲望与道义之间的关系，懂礼节，守禁忌，驱逐利欲，追求崇高的人生境界。"贵和尚中"的传统文化共识为教育方法提供了原则框架，打开了教育视界，通过"和""中"的思想共同影响着教育者与受教育者的思维习惯与行为模式。孔子道"君子和而不同，小人同而不和""君子矜而不争，群而不党"，表现出对"和"的价值诉求。这种"贵和尚中"的思想源远流长，在时代和社会变迁中，"贵和尚中"有利于平衡复杂多样的价值取向，化解思想纠葛，打开更为广阔的人性空间，形成牢固的民族凝聚力，塑造国人轻小利、轻私利而重大局、顺整体的民族心理。"贵和尚中"思想成为传统学生德育方法的重要原则，从"贵和尚中"的视角和逻辑出发，教育方法着眼受教育者的思想教化，不断追求受教育者的身心和谐。

2. 社会教化的传播方式

所有的人类文化成果和相关信息都要依赖相应传播方式得以长久存续，社会教化内容要走进普通百姓的日常生活，也要依赖一定的传播途径。在传播过程中，上层社会所创设的话语体系及其中所包含的价值观念不断提升社会影响力，不断获得多数普通百姓的接纳和认同，切实成为人们现实遵循的道德行为规范。古代文化典籍是社会教化最为主要的传播载体，各类典籍蕴含着丰富的教化内容，文以载道，不断流传，历久弥新，丰富的理论典籍把社会教化内容呈现在人们面前，既有知识层面内容的传递功能，又促进了人们道德情感层面的提升。古代理论典籍以经学形式为主，儒家经典占据着主导地位，不论官学还是私塾都尊奉儒家经典要义，四书五经成为知识分子及普通百姓主要学习的经典之册，通行天下，发挥着广泛的教育教化影响。理论典籍中对模范榜样的描述较多，多为封建官僚阶层的代表人物，选取古代知识分子群体，以道德标杆的形象示人，传扬了封建统治阶级的思想意识内容，为人们树立起可以模仿和学习的例子，通过与楷模人物的对比，引领人们追求更高的道德境界，使人们更加明理慎行。社会教化内容的传播力量主要来自国家和官府，所以社会教育的传播过程也是一种政治统治过程，政教合一，体现了封建政府的政治统治力量。

传统学生德育方法中有诸多值得借鉴和参考的地方，对近代学生思想政治教育起到积极的推动作用，有利于德育各个环节的有效落实。传统教育方法中，启发引导法占有重要地位，主要是指要留给学生一定的启发思想的过程，不直接告知答案，"不愤不启，不悱不发"阐释的就是启发引导方法，当学生反复求索答案而不得时，教育者应当及时给予引导启发，使受教育者朝着正确的方向寻找可靠线索、继续深入思考。当受教育者找到问题答案但仍有迷惑之处时，教育者要选择恰当时机给予开导，使受教育者能够在反复自我思索中增强知识积淀，得到更多的学习和收获。学思并重法是传统教育的经典方法之一，兼顾学习与思考，"学而不思则罔，思而不学则殆"恰到好处地揭示了学与思二者的紧密联系，盲目机械地学习而没有思考的过程得不到知识的真义，漫无目地地思索而不去积极学习最终是一场空，学习者应当满腔热情地对待学问，兼顾学与思，不能将二者割裂开来。见贤思齐是传统教育中的又一经典方法，与现代教育中榜样示范法相近，要求学习者在优秀人才和品德贵重的贤者面前，保持谦虚的学习态度，努力向圣贤学习和请教，不断提升个人综合素质，拥有更好的学识和更高境界的道德品行，成为能够与贤者比肩的人。与见贤思齐教育方面密切相关的是反思自省法，侧重的是受教育者内心自觉的省察反思。每个个体都不可能是完美的，都存在着这样或那样的不足，都可能会犯或大或小的错误，受教育者最重要的是要有自我反思与省察的主动意识，不可冥顽不化，而要积极承担过错，主动寻找出错缘由，勇敢改正过错，牢记经验教训，力求不会再错，不断完善自我。传统教育中倡导循序渐进的指导方法，《荀子》道"不积跬步，无以至千里；不积小流，无以成江海"，受教育者应从把握每一个知识细节做起，安心苦读，在日复一日的学习积累中提升自我、突破自我、超越自我，不可急于求成，不可毛躁行事，不可偷懒度日，良好的道德品行是一天一天养成的，只有懂得循序渐进才能促进目标达成。总之，传统教育中存在诸多有益有效的具体方法，体现着思想教育的机理与规律，值得多加揣摩和学习，并加强实际运用。

3. 社会教化的评价方式

古代社会教化活动的成效如何，需要通过一定的客观评价方式来确认。古代社会并没有制定出一套可量化的具体评价指标体系，主要从受教化者的实际言行举止来评断教育效果。中国社会历来重视人们道德品性的提升，人品贵重、以德为先是各朝各代人才培养和选拔的首要标准，一个人是否能合格地步入仕途很大程度上取决于道德考查的结果。一个人的道德品行最终通过日常言行表达出来，日常言行是人们道德素养的外化表现，社会教化评价需要加强对个人日常言行的考查，在《论语》中就多次提及个人言行，譬如"巧言令色，鲜矣仁！"　"先行其言而后从之"等，强调人要增强自我道德修养、增进对自我言行的管束。言行是一个人道德品行的外在表现，稳定而持久的言行习惯则形成特定的道德人格特征，表现出个人综合素养的高低。古代社会崇仰高尚人格的人，认为教化教育追寻的就是高尚的人格境界。在古代选官制度中，人的道德品行与崇高人格受到高度重视，汉代察举制"举孝廉"，促进了广大知识分子和普通百姓对孝道、廉洁等品德的追求，有益于形成良好的社会风气。魏晋南北朝时期所推行的"九品中正制"，隋朝至清朝所推行的科举制，在选人用才程序中都十分注重道德品行方面的评价。

"以人为本"同样是传统思想政治教育中重要的原则方法（尽管这里的"以人为本"具有阶级局限性，是封建糟粕），一定程度上反映了传统教育的基本价值导向，倡导各种具体教育施用方式方法都要从人的社会需要出发，努力提升人的道德境界，努力推进人的道德实践。在传统文化中，尤其是儒家文化中，教育具有鲜明的人本主义倾向，体现出一种对人的尊重和独到见解，并非西方个人主义的倾向，而是家国、集体道德伦理中的人本主义倾向。在传统价值认知中，每个个体都处在政治伦理关系之中，人的生活过程无法抽离既定的血缘宗法关系，对人的基本理解要深入他所处的社会关系链条，每个人自出生就面对着多面的人伦关系，君臣关系、父子关系、夫妻关系、兄弟关系等如同一张大网覆于世间，每个人都生活在人情社会之中，不可能抽身于复杂的现实社会生活。同时，个人也是宗法政治关系网络中的一环，个人必然要承担相应社会角色赋予的责任和使命，遵循社会既有规则规范，尽己所能，推进社会向前运行。传统文化中坚持集体主义价值取向，强调共同体意识的培养，倡导公私分明、爱群利群、同心同德、以义制利等，不断将思想德育引向深入。可见，新时代学生思想政治教育方法整体建构可以批判、吸收、继承"以人为本"的教育原则方法，以家国情境中个人的社会关系复杂性为本。

三、新时代对高校德育方法创新的要求

在充分把握新时代的内涵、外延与意蕴的基础上，有必要探究新时代对学生德育方法创新的要求。在新时代的背景下，学生德育工作面临着新形势、新内容、新动力，更加注重教育资源的传递性和共享性。只有不断加强方法创新，才能争得主动权，使学生思想政治教育得到长足的发展。

"青年兴则国家兴，青年强则国家强。青年一代有理想、有本领、有担当，国家就有前途，民族就有希望。中国梦是历史的、现实的，也是未来的；是我

们这一代的，更是青年一代的。中华民族伟大复兴的中国梦终将在一代代青年的接力奋斗中变为现实。"

新时代也对学生德育方法创新提出了新要求，要求方法创新的路径构建与新时代教育政策、教育内容、培养模式、课程设置等方面紧密相连。方法创新要注重培养担当民族复兴大任的时代新人，要做到有效开发、不断丰富和与时俱进，做到切合时宜、恰当而有效的创新。

首先，学生思想政治教育方法创新必须牢固把握新时代的历史方位，适应新时代教育形势的发展变化。学生是国家和民族的生力军，是新时代的建设者和见证人，也是维护者和享受者，学生德育方法创新必然要明确历史方位、找准时代坐标，在新时代的实践基础上，找准方法创新的现实依据，推进教育实践活动。学生思想政治教育方法创新必须要坚持以习近平新时代中国特色社会主义思想为创新指南，要把这一重要思想贯彻到思想政治工作全过程中、各环节中，以其精神实质指引方法创新的正确方向，以新的时代课题充实方法创新的基本内容，以其丰富内涵丰富方法创新的具体路径。要着重把握新时代社会主要矛盾的变化。主要矛盾的变化昭示着人们现实生活需要的变化，也印证着人们精神世界和思想观念的变化，学生价值观念和理性认知也会随之变化，只有对主要矛盾做出科学正确的判断，才能精准把握时代背景内容，才能深刻揭示社会发展的阶段性特征，为方法创新做好新时代的实践遵循。

其次，教育者应不断推进学生德育方法创新发展，以不断满足学生多样化的学习需求。教育者是学生德育方法创新的关键力量，新时代教育方式方法的创新对思政教师职业素养提出了更高要求，促进思政教师的专业成长势在必行。新时代合格的德育者需要全面提升自身教育素养，面对不同类型的学生，要完备自身知识储备，备足德育相关知识，如新时代中新的政治话语表达、新的时政关键词句、新的政策方针等都需要教育者第一时间做好吸收内化，随时随地扩宽自身知识面，勇于突破学科边界，正确地对多元文化思潮和社会运动做出评判分析。要关心新时代学生群体呈现出的新特征，把握学情的动态变化，机智应对可能出现的教育问题，推进学生个性发展。还需要不断总结教育实践经验与教训，以广博的知识、开阔的眼界、机智的头脑来解决思想政治教育的难题，进而提炼出具体而有效的实际方法论。

再次，必须注重学生德育方法创新的实效性，增进教育方法的系统性和整体性，改变教育方法单一、落后的局面。新时代学生思想政治教育方法创新面临诸多可能性，同时，也面临着诸多障碍和难题。但无论如何，新时代的教育方法创新必然要符合新时代的要求，立足于对新时代教育环境具体分析的基础上，要将创新性的方法置于新时代特定的历史场景中加以分析，要发挥出有效的作用。当然，历史发展是连续的而非断裂的，梳理不同时期的经验方法发现，不同时期的德育内容有着不同侧重，体现出不同的思想政治教育方法设计，但是一般性的德育经验和方法不会过时，都可以继续拿来为当前教育实践服务。

最后，新时代学生德育方法要走向多元化，要进一步关注国家和社会发展需求，厘清各方面的复杂关系，体现出教育个体的权利诉求，更好地担负起新时代思政工作的任务与使命。创新性的德育方法要以新时代的大背景为重要考虑，关注教育发展的一些重要趋势，开拓教育视界，要从新时代具体真实的德育活动中诞生，要切合实际，富有应用意义。

学生德育发展不能仅仅依赖单一落后的教育方法，而是要加强方法创新的力度，推进教育方式方法的变革，要培养教育者创造性的教育思维与教育意识，让学生可以更好地对周围新生活和新生事物做出理解和回应，不断占领新的知识高地。

（一）高校德育方法

对于大学阶段学生德育方法内容的梳理，将从思政课程与日常德育两个维度来进行分析。

1. 大学阶段思政课程德育方法

大学阶段思想政治理论课的抽象性和理论性更强，通过对大学阶段思政课教育方法梳理发现以下教育方法在大学思政课堂运用较多，适应思政课讲授的需要。

（1）理论灌输的方法

理论灌输法也叫理论教育法或者理论学习法，是大学阶段思政课最常用、最基本的方法。大学生已经有了较为全面、扎实的知识基础和较高的心智能力，学习能力有了很大的提升，学习的自主性也大大提升。理论灌输法是教育者有目的、有计划地向受教育者进行马克思主义理论教育，引导受教育者逐步树立科学的世界观、人生观、价值观的方法。

（2）专题讲座式的授课方式

当前高校思政课单纯依照教材内容安排授课，并不能收到良好效果，许多高校采用专题讲座式的授课方式，不再按部就班地进行传统授课，而是根据教师专业特点和擅长方向，考虑教师自身素养与专业发展水平，有重点、分方向地开展专题讲座，更好地实现预期教育目标。

（3）问题式教学法

顾名思义，问题式教学主要是当前思政课堂围绕问题而开展的教学活动，不是消极被动的态度，而是积极主动地围绕问题寻找教育契机，增强思想政治教育的问题意识，不断地提出问题、科学设问，帮助学生一环一环地剖析问题，在回答设问和明晰答案的过程中达到教育目的。

（4）课程思政的方法

当前专业划分清晰，一些教师可以借助各类课程进行德育，形成各类课程与思政课二者的同向同行，充分发挥了课程思政的协同效应，让思政课全面覆盖大学课堂，培育学生内在涵养，唤醒其人生追求，让学生不仅学习到各门具体学科的知识，而且也收获各门具体学科知识所拥有的思想政治教育资源。

2. 大学阶段日常德育方法

通过梳理大学阶段日常德育方法，可以总结为如下几种代表性方法。

（1）主题教育法

主题教育是大学生日常德育方法的良好载体，当前许多高校不断探索和改进主题活动教育的方式，解决高校学生的现实思想问题。根据实际需要设计主题教育方案，专业人员多加参与、联合行动，加强理论指导，注重活动反馈，在主题教育中实现德育目标。

（2）环境熏陶法

大学生的个体成长较大程度上受到所处环境的影响，教室、院系、宿舍、餐厅等地点是大学生集中活动的场所，建设良好的德育环境可以在潜移默化中提升大学生的思政素养。教育者应着力建设和设计有利于增进德育的校园环境，形成良好的隐性德育育人氛围，提高教学效果。

（3）实践锻炼法

教育者把学生带到社会实践舞台中去，加强实践锻炼，促进学生把所学的理论知识与现实实际相结合，突出实践育人功能，增强学生的社会责任感，让学生切实体会到敬业乐业、无私奉献、忠诚对党等概念的具体含义和现实要求，促进大学生对优良品质的追求。

（4）专题调研法

为了达到设想的目的，在相关活动中全面或比较全面地收集研究对象某一方面情况的各种材料，并做出分析。专题调研方法的目的可以是全面把握当前的状况，也可以是为了揭示存在的问题，弄清前因后果，为进一步的研究或决策提供观点和论据，引导学生围绕某一观点或问题形成正确的思想认识。

（二）高校德育方法的特点

通过对大学阶段思政课教育方法与日常思想政治教育方法的梳理，可以发现大学阶段学生德育方法具有如下特点。

1. 树立起鲜明的政治导向

大学生思想政治教育方法选择多样，保障了思政课高水平、高质量地开展，多样的方法体现出政治导向的鲜明性，启发学生更多地去认识、思考和参与政治生活。各学段思想政治教育方法均能体现出政治导向性，大学学段尤为突出的是政治信念的树立，加深学生对现实政治生活的理解，总结社会政治活动的规律，养成学生理论思维习惯，使其在脑海中构筑起政治文化理论框架。在新时代，大学思政方法善于从中国特色社会主义理论和实践中找寻政治教育素材，开创思政课建设的新局面，善于从教育学界、心理学界借鉴可靠的教育方法经验，激发学生对政治生活的学习兴趣，形成坚定的政治认同。

2. 体现时代创造性

有关大学生德育方法的探究经验越来越丰富，体现时代特点的创造性方法也逐渐增多，教师教育信念在新时代的背景下有新的体现，教师的教育决策和具体的教学行为安排都或多或少地受到现有教育资源的影响，随着认知科学的发展，教育方法的创新性随之提升。在课堂组织上，许多教育方法一经运用，就逐步获得师生认可，在更多的课堂实践中逐步升温，教师如何教和学生如何学都引起了社会各界的广泛关注，教师所教和学生所学也成为普遍的关注点。

3. 具有社会现实环境的渗透性

大学生处于课堂、学校、家庭、国家等社会环境中，受所处环境的渗透和影响，大学生的文化认识和价值观念很大程度上来自其个人特殊的成长、生存和生活环境。大学生即将参与社会生活，需要建立起对社会环境的整体认识，教育方法更加强调社会环境的渗透性，强调学生个体与社会环境的互动，教师从中获得更高的教学效能感，使学生增进社会政治生活的参与度和认同感。

（三）高校德育方法存在的问题

1. 隐性方法利用不够

当前，不论是思想政治理论课上还是日常德育中，隐性思想政治教育方法都没有得到充分重视，没有与显性教育很好地融合起来形成互为促进的关系，没有与显性教育聚合成为教育合力。

部分高校教育管理者没有抓好隐性德育工作。高校中每一位教职工都应当多尽一份心多担一份责任，创造氛围浓厚的校园文化，将德育知识在潜移默化中渗透学生思想意识中，在帮助学生解决问题中凝聚人心，在学风、校风引领中加深学生对社会主义核心价值观的认知。学术活动、体育活动、娱乐活动带给学生的思想认识和情感体验是十分深刻的，许多教育管理者并没有深刻认识到其中隐含的特殊教育意义，往往忽视隐性课程建设，影响了这些活动应有的德育功能的发挥。

2. 方法的创新性不够

长久以来，高校德育方法一直以传统注入式方法为主，缺少新意和创造，与新形势不相协调，与新要求不相适应，甚至会取得与预想目标相悖的负面教育效果。每种教育方法发生作用的方式和产生的影响是存在差异的，学生更乐于接纳富有创新性的方法和手段，期待教育方法的不断更新和演进、不断扬弃低效成分、不断催生出新生因素。但是，部分教师往往更善于运用惯常的方法组织教学活动，盲从已有教法中的条条框框，沉浸在思想注入式的教育方法中，抑制了学生的学习热情和思维活力，同时他们缺乏发现新方法的敏锐性，体会不到创新性方法在施教过程中的教育优势。甚至在实际中，很少有教师从教育方法的维度去改进自己的授课模式，很少有教师在方法的转换上多加思考，欠缺创新性的方式方法难以增进思政课的鲜活性和吸引力。

3. 学生党支部、学生骨干的带头作用没有得到充分发挥

大学阶段，学生党员、学生骨干在学生之间的组织力、号召力、带动力是不可小觑的，相对于显性教育，他们如同一种隐形的力量影响着周边同学的思想观念，发挥着教育驱动作用。时下的思政方法没有很好关注学生党支部、学生骨干的教育带头作用，没有把握好对他们的教育引导，没有使他们成为教师的可靠助教和帮手。与普通学生相比，党员学生和骨干学生往往更能以身作则，形成集体内的普遍号召力，对学生的生活和学习环境形成正面影响，发挥朋辈带动作用，勇于探索和解决贴近学生的实际问题。教育者缺乏对学生党支部及学生骨干成员的足够重视，没有调动他们的工作积极性，对他们应有的工作职责和主要任务没有做好部署和安排，没有起到宣传作用和带头作用，没有发挥他们在上传下达中增进师生沟通、加强教育反馈的作用。

（四）高校德育方法的问题归因

1. 没有充分关注学生的个性差异

每名学生都是独一无二的鲜明个体，高等教育阶段的学生个性化差异尤为明显，这是思想政治教育必然要充分考虑的学情特征。由于没有充分认识高校学生的个体化特征，没有合理把握他们的思想状态，往往一刀切式地对待全体学生，忽视了他们的个性差异和学情差距，最终导致学生对德育的不满和反感。许多教师在很多情况下是按照自己惯常的教育与管理方式去面对学生，按照个人选择教育方法的偏好去做学生思想工作，按照统一的行为标准来裁定学生行为。然而，每个学生的志趣追求千差万别，生活经历和社会体验不尽相同，个人意愿和行为选择各有不同，如果抛开这些个性差异，一味强调同等对待，那么教育效果肯定是差强人意的。

2. 学生多元利益诉求没有得到应有关注

与其他学段学生相比，大学生群体的主观经验更加丰富，行为表达上更加多样化，有着更为多元的利益诉求，只有对大学生群体的实际需求多加关注，加强与他们的亲近互动，才能抓住有利的教育契机，引发学生的共鸣，更好地引导他们的行动，坚定他们的信念。但是，学生表现出来的个性行为特征有可能只是冰山一角，诸多教育者只在自己设定的教育框架中安排教学，缺少对学生群体的感情投入，对学生的实际所需缺乏敏感反应，很少想到学生的发展追求到底是什么，如何更好地履行教育职责，怎样的关爱方式更能受到学生的接纳，如何对待学生带来的反馈信息等。教育者在选择教育方法时，正是由于没有有意识地站在学生立场上并多加关注学生当下的多元利益诉求，对学生的深度情感体验缺乏认识，导致教育者的努力往往是无效的，甚至是起反作用的。

3. 主渠道与主阵地合力有待加强

高校德育是一项复杂而烦琐的工作，除了要办好大学思想政治理论课外，还应该注重主渠道与主阵地合力的生成。各方面教育主体都需要履行好教育责任，教师、学校、社会都要为提升学生思想政治素养付出一份心力，使全员育人、全方位育人、全过程育人落实到位。

但是，当前教育合力并没有得到协调和凝聚，各层面各部门各自为营的情况较多，没有营造出良好的教育氛围，大家共同参与的积极性并没有被调动起来，各种教育资源没有得到充分利用，各个教育阵地孤立存在，没有建立起有效的沟通协调机制。尤为值得注意的是，隐性德育的功能没有得到充分发挥，教育者没有有效地干预和开发隐性教育资源，教育者没有充分认识到隐性教育与显性教育的内在统一性，二者没有形成强大的合力。正是由于多方面因素没有形成教育合力，综合性学生德育方法难以进一步开拓成型，导致了各种意想不到的教育问题。

总之，新时代学生德育方法整体建构必须充分把握整体建构视野中学生德育方法现状，要以普通国民教育诸学段（小学、初中、高中和大学）等为参照，并以作为主渠道的思想政治理论课与作为主阵地的日常思想政治教育等两方面来分别梳理每个学段思想政治教育方法现状，通过这些梳理分析每个学段学生德育方法的特点，同时把握整体建构视域中学生德育方法存在的问题及成因。新时代学生德育方法整体建构与当前学生思想政治教育方法的现状有着紧密联系，把握整体建构视域中学生思想政治教育方法现状分析与梳理，不仅仅局限于明晰现状，还要将现状与未来展望统一起来，总结各自的特点，增强反思与反省意识，在分析现状中发现问题、重视问题、解决问题。这是新时代学生思想政治教育方法整体建构不可忽视的关键环节，也是增强新时代学生德育方法整体建构的针对性和实效性的关键。

第二节　高校德育方法的合理性

一、德育方法的合理性

在实际生活中，存在各式各样的文化形态，每种文化形态都强调自身的合理性，若承认如此，合理性就会成为一个广泛的概念，具体的实际生活中就会有具体的合理性的表现。但是，实际上我们所追求的不是形式上各异的合理性表现，而是一种实质上的普遍合理性，是适用于任意一种文化形态的合理性。那么，究竟什么是合理性呢？传统的观点认为："合理性优于进步性，进步性依赖于合理性。"那么，如何才能做出最进步的理论选择呢？我们都知道，马克思主义是一种合理性的学说，它之所以是合理的，是因为它具有如下的特征：马克思主义是一种认识世界和改造世界的学说，同时也以追求解放与自由为其指导思想，马克思主义学说的实践主体是广大的人民群众，而在人民群众中站在时代前列的无产阶级是马克思主义的领导阶级，无产阶级的先进代表共产党是马克思主义运动的领导者；马克思主义进行实践指导的理论工具是时代的先进科学。

总之，它的合理性表现在它以人为主体，用科学作为人类解放与自由的工具，将全面发展的人定义为自己的发展目标，最终追求的是一种超然的价值观念。所以，我们能够看出，合理性的实质是它不受特定文化的制约，它不拘泥于特定的时间或者空间，其最大的特性就是理论解决问题的效力，也就是协调性。

综上所述，我们知道，德育方法作为一个存在物，它是跨越时空，不断发展变化的，各种不同的具体的德育方法在时空中生成、继承、碰撞、发展、完善。任何一种德育方法在提出时都认为自身是合理的，我们应当在这些所谓的合理性的德育方法中异中求同。我们要求德育方法在制定和应用过程中不断地体现其合理性，实质上就是要求我们在德育方法的选择和应用上，必须依据一定社会道德价值观念的标准，准确地选用科学的知识工具，合理调用适当的实践主体，遵循一定的道德程序，坚持一定的原则标准，真正达到理论解决问题的效果，这些是实现德育方法合理性的关键所在。通过对这些合理性的德育方法的实际应用，能够使德育主体不仅在思想观念上坚持正确的世界观、人生观、价值观，运用这些正确的观念来指导自己的行为，同时还可以在具体的行为上获得确定的认识与体会，消除之前存在的不确定性与随意性，实现在思想观念、行为动机、具体实践上的一致。这些合理的德育方法已经具备了一定的道德标准，只要在实践中能够做到合理运用，就能够实现德育目标，使德育培养尤其是高校的德育培养得以实现。

二、德育方法合理性的必然性

（一）德育本身的特点要求德育方法合理性

德育，在培养全面发展的人的当代高校教育中占据十分重要的地位，对学生的成长成才、社会的和谐发展、国家的安定团结都起十分积极的作用。随着和谐社会理念的深入，在德育过程中我们需要强化一定的爱国主义教育和民族精神教育。一般来说，德育属于意识形态领域的教学，在思想高度上教育学生，在思维领域上指引学生向健康的方向发展。要做到这些，我们必须运用合理的德育方法，通过合理的方式方法来完成目标。

德育具有知行合一性。德育只有首先在"知"上下足功夫，然后才能够实现到"行"上的转化。当前，各高校都非常重视对道德认知能力的培养，只有提高了道德认知能力，受教育者才有可能适应复杂多变的社会，在处理问题时才有可能制定最佳的方案。但同时也要注意对"行"的指导，不能只"知"不"行"，或者只"行"不"知"。这就必须运用合理的德育方法，不能像传统的德育那样，只重视课本知识的传授，而是在德育的过程中要引进和开发出更好的能够将理论与实际相结合的德育方法。

随着文化传播的速度加快和网络时代的到来，高校德育还应该成为社会文化机构和大众传媒的中介，这更加要求合理的德育方法的选用，教育者要适当地运用更能够联系实际的方法来教授日益复杂的教育内容。

（二）德育目标的实现要求德育方法合理性

从国家这一宏观角度来看，德育是抽象程度最高的教育目标，德育关乎国家的政治稳定、经济繁荣、社会和谐，是国家为了实现其目的而采取的意识形态管理手段。

从学校的微观角度来看，学校根据国家的教育宗旨分别设定各自的目标。德育是学校教育的重要组成部分，是培养全面发展的人才不可或缺的重要环节。各学校又可以根据自己的教学特点在此基础上设定相关的目标体系。

但是，不管是宏观上的德育目标，还是微观上的德育目标，目标要想得以实现，在过程中都需要德育方法的介入，需要德育方法发挥作用。为了完成学校目标，同时也要完成国家目标，我们必须选用合理的德育方法来促成，一旦选择了不合理的德育方法，不要说国家目标，可能基本的学校目标也无法实现。

（三）方法自身的特性要求德育方法合理性

方法是主体能动性与客体必然性的高度统一，作为系统的方法，它是人所特有的。人之所以为人，不在于盲目地适应外在的自然界，而在于凭借自觉创造出来的方法系统，能动地改造世界，并且凭借方法系统能充分地发挥人的主观能动性，同时在改造世界的过程中不断改造自身、完善自身。同时，方法是主观世界与客观世界联系的有力中介，实现了主体与客体的高度统一。方法从表面上看是主体任意采用的或者说是主体自己凭空想象出来的，其实不然，方法的产生不是主体想象出来的，方法在具体的实践中会发生变化也不是主体自己决定的，而是由于所处的客观条件不同，方法必然会做出适当的调整。

方法是辩证的，方法具有多样性与选择性高度统一的特征。多种多样的方法之间是相互联系、相互渗透的。虽然方法的具体表现形式不同，但是方法背后的指导思想是相同的；不同的方法是不同的个体，每个个体都具有鲜明的特征，但是个体之间又是相互联系、密切相关的。方法之间是可以相互吸收、相互学习、相互借鉴的。

方法也是在不断变化、发展和完善的。多种多样的方法，对于特定的具体的活动来说，并不一定都是合适有效的，必须根据具体的实践不断地改变所采用的方式和手段，也就是要不断地改变方法的应用。

德育方法作为方法系统中的一种，本身就具有方法的特征，同时，它还具有自己的特征。德育方法不是既定的存在物，而是总在途中的事物。

首先，德育方法离不开实践，而实践是处于永恒的变化中的，这就要求德育方法不是一成不变的，也不是能够完全提前预设好的，必须随着实践的变化不断进行调整。

其次，德育方法离不开对历史的继承与发展，而历史的继承与发展也是不断变化的。很多德育方法是对前人优秀的德育方法的继承以及对当代优秀德育方法的借鉴，而对前人的研究仍在继续，当代人的研究也在不断向前，所以决定了德育方法无定论。

最后，德育是为了满足人的需要，而人的需要是被社会物质生活条件决定的，是具体的、历史的，而现实的社会物质生活条件也会随着社会的发展进步不断发生变化。

综上所述，德育方法自身的特性要求我们，同时也告诉我们实际上本无定法，我们追求的是德育方法的合理性，也就是在具体的实际情况下，根据一定的原则和条件，适当地选用具有协调力的合理方法。

（四）时代发展的现状要求德育方法合理性

德育对象是人，人的本质是一切社会关系的总和，人是处于一定的社会环境中的，环境发生变化，那对人的教育方式也要适应时代的发展，具有时代感。

随着我国社会主义市场经济的不断发展、改革开放的不断推进，社会经济成分、政治格局、阶级分层等都发生了翻天覆地的变化，这一切使人们思想活动的独立性、多样化、差异性明显增强；而改革开放和市场经济发展过程中出现的负面影响，也容易诱发一些人的自由主义、拜金主义和利己主义倾向；加上各种腐朽落后的思想文化的渗透和侵蚀，不可避免地会出现价值观念的多种取向，形成正确思想与错误思想相互交织的局面，由此出现人性的复杂性。[①]

---

① 吴琼.高校思想政治教育范式转换研究[M].北京：北京交通大学出版社，2016.

随着现代化程度的不断推进，越来越多的外部因素影响着高校的教学尤其是德育教学。经济全球化趋势、网络科技的发展、非主流意识形态的扩张、社会分层的不断显现无不冲击着当代大学生的德育教育。这些都在不同程度上对大学生的思想、生活产生影响，在这种时代背景下，高校要想进行有效率的德育就更加困难。单一模式化的德育方法已经不能教育全部的性格各异的大学生，尤其还是在现在这么一个复杂的社会环境中生活的大学生，每个人的认识、理解能力、人生观、世界观、价值观都各不相同。

高校德育如果还是沿用老一套的灌输式的教育方法，而不是适应社会的变化发展出现的新情况、新形势做出相应的变化完善，如果不能及时地解答人们的思想困惑，那么，就会造成德育的失效。在高校德育中，如果不能排除高校学生面对社会新情况出现的思想疙瘩，那么高校德育也是不成功的。

正如恩格斯所说："至于我所强调的一般的策略，长期以来，我已经确信它的有效性；它从未丧失过这种有效性。但是说到怎样把它运用到目前的情况，那就是另一回事；必须因地制宜地做出决定，而且必须由处于事变中的人来做出决定。"所以，为了适应时代的发展、个体的变化，我们必须改变以往的德育方法模式，不断创新方法。总之，要积极推进促成德育方法合理性应用。

第三节　高校德育方法的丰富与发展

一、高校德育教学方法改革的重要性

（一）能够促进学生综合素质发展

高校培养的人才通常都是行业技术人才，是掌握一定理论知识与岗位工作技能的后备人才。目前高校在德育教育的过程中，所使用的方法不够与时俱进，不仅难以调动学生参与德育学习的兴趣，还不利于学生综合素质的提高。而在教学方法改革创新之后，可以利用综合性的教学方式进行德育教育，尤其是在应用案例教学法、"工匠精神"教学法的过程中，不仅可以引导学生在职业德育教育案例的影响之下形成良好的爱岗敬业观念、诚实守信观念，而且还能增强职业道德素养，形成健全的人格，对学生综合素质发展起到良好的促进作用。

（二）能够提升德育教学工作效果

我国高校在多年来的德育教学工作中已经形成了教师讲课、学生听课的固定教学形式，容易忽略学生素质发展和道德素养的提升。而在德育教学方法改革之后，教师能够改变自身的教育观念，不再认为自己是课堂的主体，而是和学生进行平等的互动和交流，从情感方面入手，使用小组教学方法、案例教学方法等，为学生营造良好的学习氛围，给予学生发言、参与的权利，在和谐并且较为宽松的氛围中培养学生的道德品质。与此同时，教师在创新教学方法期间，还可以借助先进的信息技术、辅助性的教学工具与措施，为学生提供有关德育教学的影视节目或者网络学习资料，制作德育教学课件，创新性地将各种新型的教学方法融入德育教学中，不仅能够提升德育课堂的活跃性，而且能促使德育教学效果和质量的提升。

二、高校德育教学方法的改革措施

为了增强德育工作效果，合理应用先进的方法开展德育教学工作，笔者提出几点教学方法的改革创新建议，旨在为提升德育教学有效性提供支持。

（一）积极采用案例教学方法

教师在德育教学中采用案例教学方法，可以选择与学生未来就业相关的职业案例，整合德育教育的素材，在课堂中指导学生剖析、分析案例的内容，使学生进行独立性地思考，增强分析和应对问题与交流的能力。同时也可以在职业案例潜移默化的影响下，培养学生的职业素养、爱岗敬业精神，使学生深入理解"工匠精神"，形成良好的职业思想素养，掌握岗位工作中的行为准则，真正意义上达到增强学生思想素质、道德品质的目的。

如教师在德育教学之前到学生专业对口的工作岗位中收集一些爱岗敬业、工匠精神的真实人物信息、事件信息，将其制作成课件。在德育课堂中先为学生播放课件中的案例内容；然后提出问题，例如："这个案例中的职业人物有着什么样的爱岗敬业表现呢？岗位工作中需要遵守什么样的准则呢？我们在未来职业工作中需要具备怎样的道德素养和行为理念呢？"提出问题之后，要求学生进行解答，引导学生独立地思考案例问题；在学生分析和研究案例问题之后，鼓励学生自主性地进行分析和概括，在班级中踊跃发言，大胆将自己的想法表达出来。这样除了能够增强学生参与德育课堂学习的积极性外，还能在模范人物的带动下使学生形成自觉遵守职业规范、努力完成工作任务、为岗位工作奉献自我的良好爱岗敬业精神。

（二）应用趣味性的教学法

此类教学方法就是在德育教学中所举出的事例需要具备生动性、通俗性、趣味性的特点，可以和学生的接受水平相适应。在德育教学工作中，需要将教材作为主要依据，也不能过于局限在教材内容中，而是要在教材基础上不断为学生提供新的知识和信息，使学生在分析与解决问题的过程中，大胆地提出疑问，在拓宽眼界的同时以不同的角度考虑问题，发表自身的独特意见，鼓励学生全身心投入到德育课堂中，在各种新的信息、新的案例潜移默化影响下增强道德素质和思想品质。

如教师采用趣味性的教学方法，可向学生提出关于专业对口的岗位工作方面的问题，教师可以让学生模拟岗位工作现场的情况，在角色扮演的过程中模拟现场解决问题的情况，这样不仅能够使学生在角色扮演的过程中形成正确的职业观念，而且能用创新思维解决问题，养成良好的问题分析、研究和应对的习惯，从而增强学生的思想品质，利用趣味性的教学方法提升学生参与德育课堂的积极性。

（三）采用实践性的教学方法

高校在开展德育教学工作期间，应重点使用实践性的教学方法，为学生营造良好的实践环境，通过创新性的社会实践，培养学生的道德品质与修养。传统的德育课堂教学中教师虽然已经开始重视实践性教学法的应用，但是只注重对学生个人修养的培养，忽略了社会实践对学生道德品质培养的作用。而在新时期的社会主义现代化建设过程中，学生道德品质直接决定其是否能够参与到构建和谐社会、社会主义事业建设中去，直接决定其是否能够成为国家培养的优秀人才。因此，教师在开展德育教学工作期间，改革创新教学方法，应重视应用和融入实践性教学法，为学生引入社会实践模式，使学生在社会实践中形成正确的职业观念，增强爱岗敬业的品质。

比如，教师在德育的过程中，创新性地融入社会实践活动，可以先带领学生到对口的岗位实习，让学生在生产一线人员"工匠精神"的影响下，树立正确的职业观念，形成爱岗敬业的思想认知，懂得在岗位工作中要具有艰苦奋斗的精神，为其日后的职业发展提供帮助。

同时，教师也可以带领学生参与公益活动，培养学生的奉献精神，在陶冶情操的同时提升道德品质。教师可以带领学生到红色景点、烈士陵园等进行参观，感受英雄烈士的爱国精神和为国家奉献的品质，进而促使学生爱国主义精神的发展。

（四）科学应用生活化教学法

高校的德育教师在教学方法改革创新期间应重视生活化教学法的应用，将学生德育与现实生活相联系，利用生活中的案例事件创新性地培养学生正确的思想态度和职业观念，使学生能够形成正确的"三观"，不再有自私自利、懒惰心理，在面对未来工作时能够踏踏实实、艰苦奋斗，形成和新时期职业发展特点相符的职业观。

如教师在德育教学中，可为学生提供一些优质的毕业生就业案例，再为学生提供一些"好高骛远""眼高手低"的就业案例，在生活化案例的作用下使学生懂得在未来的就业中，需要从基层、小事做起，不能盲目自大，要踏踏实实地做好本职工作，同时在新时期的社会环境中形成正确的职业观，在未来的岗位工作中做好本职工作，全身心投入到工作中，有着一定的责任感，通过岗位工作体现自身的人生价值。生活化教学不仅能够给学生提供更多接触社会的机会，而且能使学生在接触生活中真实事件的情况下受到一定的感染和启发，树立正确的"三观"，提升职业道德素养。

三、高校德育方法的创新发展

大学生德育方法创新有可能是对已有德育方法的继承与改进，也有可能是对其他国家优秀德育方法的借鉴与吸收，更有可能是在实践教学活动中从无到有的发明与创造。基于此，大学生德育方法创新这一过程对于大学生思想政治教育方法论体系建构与高校德育事业发展具有十分重要的意义。因此，大学生德育方法创新过程要慎之又慎，一定要做到尊重客观规律，贴近学生实际，坚持创新方式多样性与差异性辩证统一的基本要求。唯有如此，创新改进的大学生德育方法才会大有作为，才会焕发盎然的生机与活力。

首先，大学生德育方法创新要尊重客观规律。世界上千差万别的事物，各自有着自身运动发展的规律。人们认识世界就是要认识世界的发展规律，并遵循这些客观规律，自觉地改造世界。只有认识客观规律，尊重客观规律，才能认识事物、改造事物，才能推动事物不断发展。

众所周知，关于大学生德育方法的创新与完善，是一种客观实践活动，其在本质上与人类其他认识世界、改造世界的客观活动没有差异，认识大学生思想政治教育方法创新活动的实质同样需要尊重与客观实践相关的各种规律。而且，大学生德育方法创新的实践活动，旨在推动高校德育事业向前发展，其目的意义深远，它不是简单的实践活动，而是事关主流意识形态传播、主流价值观建设的长远之计。所以，大学生德育方法创新不论是在创新过程中，还是在创新结束后，都要尊重社会发展规律、高校德育教学规律及学生发展成长规律，唯有如此，大学生德育方法创新的结果对社会、对高校、对学生个人才会有所裨益。

其次，大学生德育方法创新要贴近学生实际情况。由于大学生思想政治教育方法创新的重要来源是与大学生息息相关的学校生活、学习过程、情感变化等实际状况，所以有什么样的学生实际状况，相应地就应该有什么样的大学生德育方法，即针对大学生在实际德育教学过程中运用的各类方法要紧贴大学生实际状况。

另外，大学生德育方法创新不是封闭独立的闭门造车的过程，它要与与大学生休戚相关的德育载体、内容、目标等相联系，进而依照这些不同因素，完善与创新大学生德育方法，要做到"量体裁衣""对症下药"。唯有如此，完善与创新的大学生德育方法才会效果显著，才会更加顺应时代要求，符合高校德育规律，贴合大学生实际状况，最终在实际教学过程中达到事半功倍的效果。

最后，大学生德育方法创新方式要坚持多样性与差异性的辩证统一。一方面，在大学生德育实际教学过程中，其教育主体运用的方法手段要面对教育对象、教育内容、教育载体等的多样性，因此，这在某种程度上也决定了大学生德育方法创新方式的多样性，唯有多样多元的创新方式，才会有百花齐放、百家争鸣的创新效果，才会使大学生德育过程中运用的方法和手段越来越多，效果越来越好。另一方面，由于大学生德育方法所面对的教育对象、教育载体、教育内容等各有不同，所以针对这些因素创新和改进出来的新方法、新手段也会各有差异，且创新的过程、方式也会千差万别，可以是依照大学生德育载体不同而进行的创新，也可以是依照学生层次不同而进行的创造，更可以是依照教育内容的不同而进行的创新。这些因素又决定了大学生德育方法创新方式的差异性。因此，大学生德育方法创新过程中既要坚持创新方式的多样性，又要坚持其差异性，只有这样，创新才会成为大学生德育方法不断完善和改进的不竭动力。

第七章　文化传承视野下高校德育功能的创新实现

高校德育建设是中国传统优秀文化传承的载体和思想文化创新的重要源泉，当代高校肩负着文化传承的重要使命，也应当为推动社会主义先进文化建设、推动文明进步等方面做出积极贡献。高校应努力成为发展中国特色社会主义先进文化的重要阵地，把社会主义核心价值观全面融入大学生德育全过程。本章分为高校德育的文化价值、高校德育在文化传承中的作用、文化传承视野下如何实现高校德育的功能三部分。主要内容包括文化传承和维系价值、文化选择和主导价值、文化传播和变迁价值等方面。

第一节　高校德育的文化价值

一、文化传承和维系价值

文化传承和维系，是对优秀文化的继承和保持，并随着时代变迁不断地予以创新和发展。我国高校德育传承的文化不仅包括各种知识形态的文化，如科学文化知识，而且也包括意识形态的文化，如马克思主义的世界观、人生观和价值观。不但传承各种理性形态的文化，而且传承各种非理性形态的文化，如爱国主义的情感等。不但传承各种意识层面的文化，而且传承潜意识层面的文化，如健康向上的文化心态与社会风尚等。[①]

文化传承和维系是高校德育的重要使命。德国文化教育学家斯普朗格曾经说过，教育乃是一种文化活动，这种文化活动的开始是使正在成长的个人心灵与优良的"客观文化"适当接触，把客观文化安置在个人心灵之中，使其成为"主观文化"。这里所说的客观文化是指人类世世代代存在的文化，而主观文化则

---

① 吴艳东．论思想政治教育的文化价值 [J].思想教育研究，2011（9）：3-5.

是人类文化在每个时代人们心中的存在形式。在这个从客观文化不断向主观文化的转变过程中，高校德育发挥着举足轻重的作用。①

二、文化选择和主导价值

文化选择，是对某种或某部分文化的吸收或排斥。文化主导，是发挥主流文化对多样文化发展的引领作用。文化选择和主导贯穿于高校德育的全过程，高校德育的每一项活动，其过程的每一方面都包含着选择和主导的意义。这是由高校德育明确的价值导向所决定的。一定的社会思潮、风俗习惯、价值观念等文化因素，如果与德育目的取向相一致，德育就会以积极的姿态对其吸纳和整合；反之，就会对其加以排斥和摒弃。②

高校德育在本质上是一种对文化价值进行引导的工作。它吸收文化的精髓作为德育的内容，提供适应社会发展需要的观念、态度、知识和技能，并通过一整套价值标准和评价手段进一步保证和强化这种选择和主导的方向性。

一方面，随着经济全球化的影响，各种外来的文化大量涌入校园，各种思潮和价值观等在大学校园里产生冲突和碰撞，影响着大学生的世界观、人生观、价值观；另一方面，随着高等教育日益国际化，世界各国各民族文化也进入高校。高校在参与国际交流的过程中如何对待各种外国文化，如何选取能够促进德育发展的文化，成为摆在高校德育面前的新课题。③

第二节　高校德育在文化传承中的作用

一、高校德育文化传承的基本任务

（一）以文化为根基构建高校德育目标

1. 大学德育文化目标价值的确立

德育文化的形成往往可以克服价值行为的自发性和盲目性，遵循道德价值个体生成的规律，积极引领主体的价值行为指向，通过文化的传播、传承、创新形式，使主体获得内在的道德张力。

（1）个体基础性目标生成

文化系统作为价值生成的实在性基础，可以以整体的、联系的观点看待德

---

① 石书臣.主导论：多元文化背景下的高校德育主导性研究 [M].北京：人民出版社，2011.
② 袁汪洋.论现代思想政治教育的文化价值及其实现路径 [J].求实，2012（6）：73-76.
③ 石书臣，高玲玲.高校德育的文化价值及其实现 [J].学校党建与思想教育，2011（16）：6-9.

育目标的实现。德育文化系统各要素间充满变数，因此在保持质量规定性的同时要能够兼顾发展性和预见性的需求。

德育文化作为一种积极存在的主流文化，对德育主体进行精神指引，从而塑造健全的德育主体人格，影响其自身的价值行为。只有德育主体在现实的学习、生活、交往等实践中对德育文化系统存在一定程度的偏离或者对原有权威进行文化批判，主体感受到道德引领需求的紧迫性时，才能培育出道德能力和形成道德张力，从而统摄其价值行为。

从德育文化中提炼出代表时代精神的道德价值理念，对个体认知结构中的道德信念和道德信仰进一步激活，使个体的认知系统进一步适应自身所处的文化和社会系统，促进道德价值由反映形态转化为个体的内在道德张力和社会实践活动能力。这也反映了德育文化的生成性与德育的发展性相一致。

（2）共同体社会性目标生成

从精神文化领域而言，文化的核心是价值观，寻求民族的共同内在的精神需求，树立民族的共同理想、共同信念和共同信仰。共同理想、信念、信仰是一个民族的精神支柱、力量源泉和前进动力。大学德育文化自觉就是促成道德价值的反映形态，升华为一种社会性的精神张力，形成受教育者更容易认同其所属文化、构建全体社会成员精神生活寄托和归宿的文化空间。从人与自身的维度上反思与自爱相统一，从人与人的维度上竞争与协作相统一，在人与自然的维度上协调统一，实现文化力的整合和德育发展的使命。[①]

（3）超越性目标的生成

从自我向类存在、自发存在向自觉存在、当下向未来都内含着"超越性"的目标，在道德生活的维度上是实现认知、评价、规范与实践相统一的过程。德育文化生成正是一种"不断分化世界，不断使世界二重化，又不断统一世界的活动"，充分实现德育文化在德育功能、效用上的发挥。一方面在尊重个体价值的基础上，对包括经济、政治、文化、生态等时代精神在内的多重社会价值进行整合和重构；另一方面对整体系统的规定各组成部分进行排列组合和秩序重组，结合性质、结构、过程、效果等因素和范畴，以破为立，以零聚整，以实践加以检验，实现德育"否定之否定"的超越。

总之，德育者能够顺势而为，理顺德育文化的各种价值关系，"因势利导"和"因材施教"地进行价值取向和引导实施；对于德育价值关系直接承担者的

---

① 张静，雷三容.论现时代大学德育目标体系的构建[J].武汉冶金管理干部学院学报，2011，21（3）：40-42.

德育者而言,以"人之为人"的目的性实现从根本上反映出德育遵循了合目的性、合规律性以及合必然性的"未完成"性的价值追求。

2.大学德育文化的目标优化的指引

德育目标在操作上的做法单一,其深层的原因在于大学德育实施过程中没有处理好普遍矛盾和具体矛盾的关系。①

目标可操作性在于力求从学生在现实社会生活中遭遇的各种社会的、思想的、道德的、价值的问题与困惑出发,从学生身边的现实生活中选择和确定德育具体目标,德育文化的创造性生成有助于德育目标的可操作。德育文化作为客观反映形态具有相对独立性,成为一种潜在的精神资源,发挥其统摄和引领主体价值行为的功能。主体通过理性努力搜索历史文化中的道德价值内容,并将其转化为系统内在的张力,对主体行为发挥引领作用,达到知行合一。

(1)环境引领实现宏观目标指引

文化说到底是养成、浸润、生成、升华,德育文化在功能上实现了"再造、复制"向"文化孕育、文化涵养"的转变。大学作为文化蓄水池,拥有核心价值和自身的文化底蕴,要形成以高深学术为基础、以学术自由为前提、以人文品格为标志、以自制自律为特征的自主性、创造性和发展性的文化特质。围绕立德树人的目标,通过大学厚重的文化积淀和积极创新的文化氛围的营造,完成一所大学对使命的坚守和秉持。

值得一提的是,德育环境是个体品德建构的外在前提和基本空间,加强德育环境建设,优化配置硬件系统和软件系统,实现既盖好大楼又培养大师,以"君子之风、圣人气象"言传身教,可以在宏观层面弘扬大学精神,完善大学制度,为"立德树人"营造浓郁文化氛围。

(2)元教育引领实现目标优化

发挥大学德育文化引领的核心主体地位,同时与社会引领、家庭引领形成合力。传统德育只会线性化地关注德育的某一方面或局部,没有从整体或协同的思维上去把握和推动德育变革。而元教育通过教育主管部门或德育主管单位引领整体规划设计、层次化处理来实现功能增效,形成多层次、多阶段、多形态的德育系统,共同作用于目标合力。

(二)以文化为根基构建高校德育内容

大学德育文化从最一般的意义上,应该指向培养具有真、善、美的,具有

---

① 李翠芝.高校德育目标的定位研究[J].武警学院学报,2016,32(1):53-56.

理想人格的全面的人。这个意义上，我们可以用"真善美"连接精神文化世界和大学德育内容，既可以满足思维层面的需求，也可以满足意志层面的需求，更要反映出在感情层面的需求。

1. 文化基因的"真"的融入

人是身、心、灵合一的生物，而"真"是人类所追求的第一种理想价值境界。这里的真即为一种合规律性。求真，就是主体对客体发展的一种理性认识和追求，这里的文化基因既有人类对具有永恒意义的普世性价值的真理性追求，也包含了个体在思想、情感和行动上反映出的享有真理的价值。

（1）倡真知

这就意味着大学德育要摒弃过去那种"泛政治化""虚大空"偏差，尊重主体、逻辑、实践的规律性，促进知行合一、言传身教，形成一种自由和宽松的德育文化氛围。注重德育形式与内容、教育目的与方法的统一，不去回避、脱离德育的实际现状，如实反映客观世界，面对和回应现实生活的需求，能动反映变动发展的真实的大学德育现状，立足于大学德育文化生成的现实取向。

（2）讲真理

德育内容的真实性以及是否能够真实反映德育领域发展的新动向和新常态，直接决定了德育目标能否实现。如果缺乏人文关怀精神，从"真"的维度上判别大学德育实效性，将会导致德育目标的落空。作为一种内在的需求，德育作为一种培养人、启发人、塑造人、发展人、完善人的实践活动，应以"人"为出发点和归宿。因此，德育不仅给受教育者以认识价值，教给受教育者适合的方法，还要以唤醒主体意识、塑造独立人格、提升人的精神品位、丰富人的心灵世界为价值取向。

（3）动真情

传统德育中学生往往是被当作"美德之袋"来被动接受社会思想道德准则和伦理规范的"灌输"，使德育主体的自我观形成受到了压制，进取心和创造性遭到抑制。大学德育要融入可接受的日常生活过程中，反映主体的生命体验和情感需求。只有真正融入情感，才能以情动人，以真服人，在德育文化生成中呈现出对个体生命的热度和真实体验，才能真正感化受教育者，使其获得文化认同，形成稳定的价值取向。

2. 人文之"善"的体现

以善为核心的社会道德，通过调节人与人关系的互动，在生活世界的实践中形成了人际关系的稳定结构和社会秩序。"人文之善"反映在三个方面。

（1）动机、手段与效果相统一的"善"

这方面，我们的大学德育在"泛政治化"的导向下，往往呈现出过于完美的理想人格和道德偶像，以至于忽略了从理想的人格通向理想人格实践路径的设计，这种动机、手段与效果之间的割裂和分离带来的后果往往是由虚假人格、犬儒化人格出现而造成的异化。反而是普通人在日常生活中所形成的言行习惯和约定习俗往往更具有生命力和现实感，从而满足现实生活和现实人的需求。

（2）激发出道德价值的"善"

古人云："大学之道，在明明德，在亲民，在止于至善。"可见，基于彰显内心善的德性的道德价值的产生是个体的道德知识外化为行为的桥梁。从古至今，德育文化在不同历史阶段和特定社会环境中所体现出的是多层面的价值序列，但往往都离不开对善的知与行、权与责、义与利等基本的价值判断，其本质和功能更是集中于对人的生活意义和生命价值的探求上。

（3）有序道德行为养成的"善"

就德性的养成而言，仅停留在潜在的自然禀赋的"知"的层面是完全无法达到德育的目标的。"善"的价值体现在道德实践的过程中能够实现主体的内心世界向外化道德行为的转化。如果德育仅仅停留在规范制定和被动地接受训练的技术性操作层面，那么内在"善"的价值引导下的德性也将无所适从。

3.精神之"美"的追求

马克思提到"美"即"人的本质力量对象化"的观点，揭示了美的本质。根据马斯洛的需要理论，审美需要是人的最高需要，而审美可以比其他任何方式，更能让一个全面自由发展的人达到自由的境界。

在一定程度上说，没有美育教育的大学德育也是不完整的。我们可以从以下几方面开展大学德育的美育教育。第一，完善教育者的人格魅力，提升教育者的审美素养。教育者应该因时而变地更新教育内容，以美来启发、感染学生。第二，唤醒美对人的方向性的引领，达到理想化境界。以美育人，以情感人，强调在德育实践中激发学生的自觉意识，唤醒情感的共鸣，从而得到心灵的净化、精神上的升华。从根本上说，审美教育不仅具有超越性，同时也与意识形态的政治功能有内在的一致性。一种政治、道德思想一旦进入文化状态，就能超越功利性的价值障碍，进入美的境界。在德育中更为讲究的是以理服人，用先进的思想引导人、用鲜活的榜样鼓舞人、用生命的叙事感悟人，将物、景、人、心都融于情感之中，产生一种美的体验。精神之美可以消除大学德育的功利性，通过润物细无声式的美的熏陶，运用艺术的审美教育，达到让大学德育受教育者接受的同时又保存了心灵的自由，这显然是大学德育的最高境界。第三，注重美具有分享性和传导性。比如教育者通过优雅的仪态，优美的语言，带来高质量的直观感受，通过交往互动自觉生成受教育者"无意识"地习得特定的价值意识及行为方式，形成传递和分享，进而达到了思想共识和文化认同。

（三）以文化为根基创新高校德育方法

德育文化之所以能够成为内在的、机理性的生成的过程，蕴含了每个时代都需要不断产生新理念、新观念的应有之义，而这些新的理念和观念都要经得起逻辑和实践的双重检验，才能成为指导性的内在、深层次的文化内核。我们可以站在生成论的立场上来审视大学德育文化的不断创新与发展，从情感、体验和践行这三个层面来加以考察，探索具有可以共同遵循或认可的德育模式和创新方法。

1.开启对话共享

客观地说，德育对话或对话式德育本身屡见不鲜，古今中外都有通过对话来获得价值和"意义"的先例。有孔子的传世之作《论语》中的对话阐述、传授和体悟，也有苏格拉底的"产婆术式"的对话、启发、诱导和思考等，不一而足。在一定意义上而言，对话是教育走向解放的有效途径。对话式教育鼓励主体间可以各抒己见，平等对话，思辨明理，在原有的知识结构与经验的基础上建构新的认知结构的条件、基础和背景，通过对话活动形成对话习惯，从而加强认识能力激发潜能，将道德观念转化成为品格的一部分从而成为行为动机的一部分，实现知行统一。在对话中，德育更多注重价值讨论，而不是事实陈述。在理解各种"扮演角色"关系的交往实践中不断获得有意义的符号信息和共识真理，我们不仅要将自身作为客体来"扮演好自身的角色"，在互动过程中也要同时"扮演好其他角色"，不仅要与自己的观念意识相遇，同时也要与自己的行为相互发生作用，有意识地参与到具有复杂结构的、社会的期望规则体系中去。

因此，德育需要融入课堂教育的对话过程中，更应放到学生所关注和经历的日常消费、观念、交往等日常生活领域中，正视德育价值在生活世界中"意会"的本性。重视"默会知识"和"对话体验"等教育方法论价值，构建新的思维范式认识生活世界。不再停留于仅满足于自在的"是什么"，而能以"为什么"和"应如何"的自觉态度来对待生命和生活。使文化成为接续知识世界与生活世界之间的命脉，重新成为知识的重要依托，实现在生活实践中充满文化精神。

这样，恰当地、有限度地运用生活图式和重复性实践（思维），促进"知识世界"与"生活世界"的融合，赋予实践活动以文化自觉的价值意义。

2. 情境的预设达成

师生互为理解者与被理解者，不仅使学生（有时也包含教师）取得了知识性的收获，同时也成就了"有意义地改变了的"人，使一般的人可以转化为道德品质高尚的人。另外，创设情境可以实现德育超越性的过程。如果在学校校园文化生活中存在的组织、时间和空间的结构化和"仪式化"等多样的形式，能够不断地带来潜移默化的传递和影响，那主体可以不断向合乎社会道德要求和满足自身道德需要的方向发展。在德育文化"预设"的道德生活情境与实践中，师生关系实现真正的平等的交往，实现主体从"知道"到"体道"的超越，也有利于德育内容"境域"化解读。传统德育把握德育的方式是机械地重复从表层到表层的事实层面，即把对语言符号形式的德育表层的理解进行知识性的传授，仅从事实事件、概念规范到知识性的记忆、训练，与智育无异。

换言之，原本丰富的情境被抽离，内容仅成为空洞而抽象的文本和规定。只有把"体道"作为一种模式和理念，给大学生以充足的时间和条件"回到"生活中去、交往中去，通过德育文化的自身释义，内化并生成为自己的一部分，才能使大学生心悦诚服地接受并投入实践。①

比如可以通过组织各种校园文化活动和一系列自组织的社团等来进行情境预设。这些活动就包含了生活的交往和"境域"相似的因素，组织活动就是组织"道德舞台"，让学生在"生活"中"排练"和"表演"德育。受教育者不仅能够掌握道德知识，还可以通过情、意、行等环节，真正形成个体的道德品质。

二、高校德育的文化传承作用

（一）继承传统思想文化中的精华

传承传统思想文化并不意味着无条件的继承和发扬，我们应当主观地对传统思想文化加以适时适地的选择和判断，从而继承传统思想文化中的精华。

我国最精华的传统思想文化就是传统美德，传统美德是中华民族广泛认可的标准。目前，社会上仍然存在很多或道德有失，或价值迷失，或诚信薄弱的现象，社会现象或多或少影响着学生们，这在一定程度上也影响了高校德育工作的效果。重视对传统美德的教育并且让这些美德渗透到学生的日常生活中去，

---

① 彭未名 . 交往德育论 [M]. 太原：山西教育出版社，2010.

有助于学生养成良好的道德品质，培养健康的价值追求。通过大学生这个群体去影响每个家庭，甚至传播到整个社会，这是高校德育需要去钻研的一个重要课题。①

（二）抵御西方思潮的冲击

互联网时代为人们的学习生活提供了很多便利，国家也鼓励开展对外文化的交流和探讨。从发展的角度出发，我国作为有着悠久历史的文化大国也应该主动参与到与世界文明的对话中去，参与多渠道、多层次、多形式的对外文化交流活动，既便于吸收各国优秀的文化，也有利于完善我国思想文化内容，有利于增强我国在国际中的影响力。我国高校作为文化传承的重要阵地，是将我国传统文化发扬光大的中坚力量，更是让学生了解世界国情的重要信息窗口，所以高校在德育建设和促进文化传承方面就更应该把握好方向，运用好方式方法。②

虽说西方文化的流入扩大了高校文化交流的范围，无论是对发达国家还是发展中国家，亦不论是资本主义国家还是社会主义国家，都要积极地开展各国之间的文化交流，使各民族的文化取长补短，互相融合，共同进步。但是事物都具有两面性，它带来便利和好处的同时，也对我国原有的民族文化造成了冲击。文化具有多元性，没有明确的定义可以界定什么样的文化是优越的，什么样的文化是非优越的。我国高校大学生处在是非观形成的阶段，对社会的包容性也很强，可接受的东西非常广泛，所以高校在德育建设过程中要引导学生们注重对民族文化的学习和理解，在掌握民族文化的基础上去接受西方的思想文化，不能被"五光十色"的外来文化迷了双眼。

第三节　文化传承视野下高校德育功能实现的新途径

一、注重综合育人的教学理念

新时代高校德育教育内容的实施更加趋向于综合的方向发展，高校德育教育内容覆盖范围也会进一步扩大，诸如中华传统美德教育、社会主义核心价值观教育等各领域多方面的教育。通过对德育教育内容范围的扩充，能够加强对

---

① 魏靖琳.以激励手段优化高校网络教育资源供给的机制创新 [J]. 中国成人教育，2019（14）：23-25.
② 韩剑锋，赵丹.文化生态学视阈下中国主流文化和精英文化的关系研究 [J]. 河北青年管理干部学院学报，2015，27（2）：95-97.

高校学生综合素质的培养，利用课程、实践和管理三个维度，打造综合育人的新教学理念，积极引导高校学生学习中华优秀传统文化，传承与弘扬中华传统美德。

（一）课程育人

要做到充分发挥高校课堂教学的主导作用，即要求严格落实德育课程内容建设，细化高校德育教育内容，并落实到各学科课程的教学目标之中，从而使高校德育教育能够融入高校教育教学的全过程。

（二）实践育人

大数据驱动实践教育融合化。以大数据技术为媒介，高校整合各数据平台资源，消除信息孤岛，构建课程、实践、创新一体化的教育数据平台，实现实践育人的开放性、协同性、融合性，促进受教育者全面、自由、和谐发展。

首先，实践育人是大数据时代创造性开展德育工作的根本途径。大数据时代，高校紧紧围绕立德树人根本任务，以现代信息技术为依托，区分不同类型实践育人形式，把社会主义核心价值体系融入实践育人全过程，凸显实践育人在高校人才培养体系中的重要地位。高校在实践中进行文化创造，在实践育人中巩固德育的效果和成果。

其次，实践育人是大数据时代"第一课堂"主渠道与"第二课堂"主阵地相融合的必由之路。大数据时代，高校鼓励学生将理论学习与社会实践、课外科技活动、社团活动相结合，充分发挥学生的自主性和能动性，形成善于学习、勇于实践的良好氛围。

最后，实践育人是大数据驱动下创新创业教育发展的必然趋势。大数据如同"无形的手"，可实时记录学生的学习路径和实践方式，根据受教育者的性格意志、职业兴趣、创业意愿、创业需求个性化定制创新创业数据"剪影"。大数据时代，高校掌握不同学生学习需求，为学生自主学习提供更加丰富多彩的教育资源。

（三）管理育人

管理育人则是为高校综合培育学生提供制度上的保证。高校应根据实际发展情况，完善高校自身管理制度，提升高校综合管理水平。将新时代对高校德育教育的要求，认真细化落实到高校管理过程中，使全体教职工和学生有更多的获得感。

二、以文化思政拓展高校德育空间

（一）深刻理解文化思政的价值

1. 中华文化所具有的独特内涵与脉络传承

中华文化包括优秀传统文化、革命文化（红色文化）和社会主义先进文化，三位一体，一脉相承。革命文化和社会主义先进文化的源头都可以上溯到优秀传统文化，换言之，革命文化和社会主义先进文化的主体本质上是优秀传统文化的当代化。

例如，革命先烈抛头颅洒热血的英雄主义精神与唐诗中的边塞诗派、宋词中的豪放词派所表达的意蕴是高度一致的。社会主义核心价值观中的文明和谐、诚信友善等核心要义，与儒家文化中的五德五行是一脉相承的。

2. 中华文化具有无可替代的思政价值

思政教育对于人才培养的重要性和影响力，在当今国内国际形势深刻变化的大背景下越来越重要，可以将它提升到影响国家民族前途命运的高度来认识和挖掘。

挖掘中华文化中蕴含的思想观念、人文精神、道德规范，对于涵养社会主义核心价值观、增强文化自信，具有无可替代的意义和作用。以中华文化之智解当今现实之惑是一条极具价值的思路和视角，也是中华文化的价值所在。因为中华文化中的哲学思想、道德观念、处世原则等思想政治观念是深刻影响华夏儿女的，用中华文化中的思政元素进行"说文解惑、以文化人"，学生的接受会更顺畅，效果也会更持久。

3. 中华文化是取之不尽的思政"富矿"

中华文化博大精深，文化遗产浩如烟海，思政教学中所需要的爱国主义、英雄主义、人文情怀、创新精神、工匠精神、清正廉洁等思想都能在中华文化中找到丰富的素材。

（二）深入研究文化思政的运用之道

1. 深度挖掘优秀传统文化中的思政资源

对优秀传统文化中思政资源的挖掘既有困难之处也有便利之处。困难之处在于古人行文的晦涩以及字文词义的嬗变，学生阅读古人文献存在一定困难；但同时人们也享受着信息技术带来的便利，大量的古人文献已经转化为数字化文献，通过互联网就可以轻松获得，即使学生遇到阅读困难，也可以通过人机交互得以解决。挖掘优秀传统文化中的思政资源，重要的是要善于发现、善于分辨、善于提炼、善于融会、善于运用。

2. 批判吸收传统文化中的思政素材

我们不仅要传承优秀传统文化的精髓，也要对传统文化进行创新，让优秀传统文化既保有中华民族的智慧，又印刻上时代的先进印记使其发挥应有的时代价值。我们对传统文化的运用必须坚持批判吸收的原则，力求以时代要求为纲目进行筛选、以历史发展为参照进行解读，这就需要教育工作者结合新时代新形势，根据新时代新思想进行审慎筛选和重新解读。

3. 精心淬炼红色文化与社会主义先进文化

红色文化是指革命战争年代形成并保留至今的遗址、遗物、故居、事迹、著作等内容，社会主义先进文化是新中国成立以来形成的时代精神、核心价值观，党史、新中国史、改革开放史、社会主义发展史等。

红色文化和社会主义先进文化所蕴藏的思政资源十分丰富，但这些资源所具有的教育意义是不同的，如果只是采取简单的瞻仰观摩形式，则可能仅停留在蜻蜓点水、走马观花的层次。因此，尽管红色文化与社会主义先进文化在时间上与当代相近，但依然需要对其进行梳理、发掘、提炼，将其所蕴含的思政素材运用于教学中。

（三）统筹构建文化思政的体系之要

1. 深化认识是文化思政的必要前提

近年来，在思政教学中运用中华文化资源已经成为新常态，但是这种新常态还停留在相对粗浅的层次和比较狭窄的范围，仅是开设讲座、建立社团等简单形式。究其原因，虽然有课程标准局限性的因素，但更多的还是由于对文化思政的内涵认识不到位，缺乏探索与创新的勇气。中华文化的思政要素远没有得到大规模的开发利用，高校德育的潜在价值还没有得到应有的发挥。

因此，对文化思政进行深化认识、勇于探索、精心设计和着力推进十分必要，既要避免文化思政的开发与运用在决心设想上和教学行动相脱节，也要克服文化思政全能论或者无用论的偏见。

2. 提升水平是文化思政的必备基础

思政教学是以教师为主导的，因此在思政教学中运用中华文化资源的基础性条件就是教师对于中华文化的了解、掌握和驾驭能力。因此，必须着力提高教师特别是思想政治理论课教师以及辅导员的文化修养。不仅学校层面要给予引导和激励，教师个体也应主动作为，做到对中华文化面上有了解、局部有研究、个体有专长。例如，有的教师在诗词方面有专长，就可以结合诗词开发出有关家国情怀、美好爱情、工匠精神、审美情趣、清正廉洁等方面的教学内容；有的教师对儒家文化有研究，就可以开发出哲理智慧、社会责任、处世接物等方面的教学内容。

3. 建设载体是文化思政的重要条件

将中华文化运用于思政教学，载体建设十分重要。优秀传统文化和红色文化不仅要体现在校园环境（包括现实环境和虚拟环境）中，还要进宿舍、进社团、进教材，更要上讲台、上舞台。要形成醇厚的、沉浸式的校园文化氛围，要与时俱进地运用现代技术对传统文化进行再解读、再开发、再创作，将继承和利用优秀传统文化转变为传承和发展传统文化，真正发挥文化思政的价值。

三、将中华优秀传统文化融入新时代高校德育教育

（一）增强文化认同感，丰富高校校园传统文化

道德产生于特定的文化环境中，在高校营造出浓郁的传统文化氛围，有助于潜移默化地提升高校学生的人文素质，塑造学生健全的道德品格与价值导向。

1. 新媒体成为高校营造中华优秀传统文化氛围的新平台

如何能在海量信息中提高辨别能力，守住被西方价值观不断冲击的道德与价值底线，是高校学生面临的重要问题之一。

当代高校学生，主要以"00后"为主，这一批青年人的成长伴随着科技的高速发展，可以说他们从小就开始接触互联网，对于新媒体接受程度普遍较高。

新媒体依托互联网的发展，具有信息传播能力强、覆盖面广的特点，这也是西方文化和价值观较之前更加广泛地冲击我国高校学生的重要原因之一。比起传统媒介，新媒体不受时间和空间的约束，能够起到全年无休的宣传效果，弥补了传统媒介的不足。利用新媒体加强中华优秀传统文化的道德内容传播，其传播方式也更易被学生接受，它能更直接地反映出学生的看法和喜爱程度，并且通过设置互动选项，能够让高校第一时间得到反馈，进而做出及时调整，达到预期的宣传效果。

高校现在基本上都会设置官方网站、微博和微信公众号。高校可以在官方网站上设置专门的版块，用于介绍中华优秀传统文化，尤其是与德育教育相关

的内容，如民族英雄的故事，提升学生的爱国情怀，学习英雄身上的崇高道德精神，并设立互动区，让学生可以留言互动。鼓励学生积极主动学习中华优秀传统文化，通过阅读古代优秀典籍、参加朗诵节目或制作短视频内容等形式加深对传统文化的了解。高校可将以上项目的优秀作品放到微博或微信公众号上进行展示，鼓励学生积极参与到中华优秀传统文化学习活动中来。同时，利用新媒体传播速度广、更易被学生接受的特点，加强传播中华优秀传统文化中的道德内容，积极主动引导学生树立正确的道德观，弘扬和践行社会主义核心价值观，帮助学生提高甄别海量信息的能力和判断事物的能力。

2. 利用传统节日举办各种特色文化活动增强文化认同感

节日是指日常生活中值得纪念的重要日子，是世界各国的人民在千百年的生活实践中共同创造的一种民族文化。中国是拥有五千年历史文化的文明古国，每一个传统节日都包含着一个优秀的中华传统文化故事，其背后也蕴含着独特的人文价值和道德内涵。

在传统节日到来时，高校可以组织师生一起参与到传统文化活动中。例如，春节可以组织留校的学生一起包水饺，写春联，布置校园；端午节则通过阅读屈原的诗歌，感受诗人护国佑民的家国情怀；中秋节可以组织师生进行诗词比赛，边赏月边朗读诗词，加深对中华优秀传统文化的了解。

此外，中国还是一个多民族的国家，各地方不同民族也有自己独特的民族节日，高校也可以根据自身的实际情况，开展相应的民族文化活动，增强不同民族之间的信任感。例如，广西壮族群众就有过农历三月三民歌节的习俗，节日当天会举办唱山歌、祭祖等活动，广西各高校可以在农历三月三这天，组织高校师生，了解民歌节的来源，举行祭祖仪式，举办唱山歌比赛，以此来促进师生情感，加深师生对民族传统节日的了解。

通过在传统节日举办文化活动，可以加强对高校校园文化的塑造，增强高校师生的民族感和文化认同感，提升传统文化素养。

（二）加快课程改革，增强不同课程之间的关联性

1. 确立高校思想政治教育理论课在各课程中的引领地位

思想政治教育理论课并不是一门与生活脱节的晦涩难懂的课程，反而是与生活息息相关的重要的反映意识形态的理论与实践课程。

如果说思想政治课程是显性课程，那么专业课程就是隐形课程。专业课程因为要承担专业技能培养的责任，因此无法像思想政治课程那样可以直接将中

华优秀传统文化作为教学内容在课堂上进行重点呈现，但不同的专业可以针对自身特点，进行相应的课程内容设置。

例如，对于汉语言文学、教育学等文科专业，教师可以在课堂上适量增加对中华优秀传统文化典籍阅读的环节，让学生通过阅读，了解中华优秀传统文化知识，感受古人的爱国情怀、道德品格。对于数学、建筑等理工科专业，教师可以在课堂上对本学科的发展背景进行介绍，将其与中国古代历史相结合，增强学生对历史上杰出人物或英雄事迹的了解，使学生养成艰苦奋斗、不畏艰辛的坚毅品格，建立心怀天下苍生的道德准则，增强他们的文化修养和民族认同感。

专业课程教师根据专业特点，在课堂中融入中华优秀传统文化，与思政课程进行合作，通过显性教育和隐性教育，实现课程之间的互联互通。这样既可以节约资源，又可以增强学生对传统文化的认同和追求。

2. 根据高校特点开展专门的中华优秀传统文化课程与讲座

相较于将中华优秀传统文化融入思想政治教育课程中去进行德育教育，在高校开展专门的中华优秀传统文化课程传播中华传统美德，更具针对性。[①]

（1）综合类高校或文科类高校

可以依托中文学院、历史学院等人文社科类学院，开展包括公共课、必修课和选修课等在内的多种课程形式，专门讲解中华优秀传统文化。以北京外国语大学为例，学校依托中文学院、历史学院等学院的课程优势，在校内开展中国思想史原典选读、中国文化等公共课。课程集中院内优秀教师，根据课时安排课程内容，着重对古代优秀著作的作者及写作背景进行介绍，带领学生了解古代学说思想、道德准则、理想信念，感悟中华优秀传统文化的魅力。同时，学校也积极协同各学院积极开展"古典新义——跨文化视域下的中华经典"系列讲座，通过邀请校内外优秀教师或学者，为全校师生提供学习中华优秀传统文化的平台。

（2）理工类高校

由于受到自身学科特点的限制，理工类高校在人文社科类课程设置上不如综合类高校和文化类高校那样全面，但可以通过校际的合作交流来弥补这一劣势。例如，开设相邻高校间共同选课系统，打破各校之间的限制，为理工类高校的学生提供更为全面的学习中华优秀传统文化的机会。如今，随着科技手段

---

① 肖勇. 中华优秀传统文化融入校园文化建设的机制研究 [J]. 教育现代化，2018，5（39）：344-345.

的不断创新，线上学习成了新的发展趋势，这也更能打破时间和场所的限制，为学生提供更好的学习中华优秀传统文化的平台。

（3）高职类院校

高职类院校学生在基础知识上与高校学生存在一定的差距，且更偏重于对实操技能的培养。因此，在高职类院校中开展德育教育，应在条件允许的情况下带领学生参观名人故居、博物馆、纪念馆等文化场所，在实际的参观中普及中华优秀传统文化。

还可依据具体专业，到实际工厂或企业中请专业技术人员为学生讲解工作中的道德准则，尽可能在社会环境中对学生进行思想德育，这样更具有实效性且受到基础知识的影响较小。

（三）充分发挥传统文化教育的作用，规范学生的思想和行为意识

大力弘扬中华传统文化是党中央在新世纪提出的新目标，主力军就是广大的青年学子，其中大学生扮演的角色尤为重要。优秀的传统文化、优秀的礼仪传承会更好地帮助大学生树立健康的世界观和思想意识。

一方面，教师需要将我国优秀的传统美德渗透到德育教育的过程中，比如助人为乐、团结友爱、互助互利等，引导学生们建立团队思维、协作习惯，在相互信任的前提下完成更多的团队任务，在过程中让学生们了解到个人与团队的区别以及融入团队的重要性。

另一方面，学校需要加强与社会、家庭的有效沟通，积极争取社会和家庭的配合，以便为学生营造良好的德育环境，以家庭和社会为载体促进学生们形成正确的思想认知，主动承担社会责任，从而完善德育教育的整体模式。

四、完善红色文化在高校德育应用中的实现机制

（一）建立健康的舆论导向机制

1. 在高校德育中注重舆论导向的作用

舆论导向是指对社会舆论评价的引导，用舆论对人的主观意向进行引导，进而影响人之后的行为。无论在社会还是校园中都需要加强对舆论导向的重视程度，建立健康的舆论导向机制，以促进高校德育的发展。健康的舆论导向机制对于文化的传播与发展具有重要价值。

社会变幻莫测的今天，各种新闻事件层出不穷，新闻媒体的舆论导向作用能够引领人们对事物的把握以及对待事物的态度，因此坚持正确的舆论导向具有重要作用。

正确的舆论导向能帮助大学生确立正确的观念。在高校德育的过程中，舆论引导工作是德育效果提升的重要因素，大学校园作为一个微缩的小社会，校园中的舆论导向对学生品格的形成有着深刻的影响，学生每天处在校园环境之中，需要积极向上的校园文化来促进其发展进步。[①]

坚持正确的舆论导向要把握舆论方向的正确性。我们的国家是社会主义国家，因此舆论一定要拥护党的领导，坚持社会主义的正确方向。红色文化就是中国共产党在发展过程中形成的优秀文化，具有鲜明的政治性，因此在高校德育中可以利用多种传媒形式，加强对红色文化及其相关英雄事迹的宣传，推动红色文化资源的传播，使其蕴含的精神内涵在高校德育中发挥积极的舆论引导作用，进而凝聚人心、汇聚力量。同时高校德育要注重舆论引导的作用，为红色文化与高校德育的融合奠定良好的基础。

2. 在高校德育中注重舆论导向的方法

在高校德育中加强舆论引导，要以正面宣传为主。"团结稳固鼓劲、正面宣传为主"是党的新闻舆论工作的基本方针，正面宣传要求新闻媒体在传播信息时要把握正面信息和主流思想，要以弘扬和宣传积极向上的信息为主，把握国家的基本动向，跟随党的指示，并且将社会生活中的优秀成果、优秀思想多加宣扬，以舆论的形式引领人们团结奋进。

红色文化作为中国精神与中国力量的凝结，加强其在媒体中的传播，有利于人民爱党爱国、不畏艰辛等精神观念的形成，从而稳固人心，为社会主义的发展建立稳定的舆论环境。对于当代大学生来说，加强对红色文化资源的宣传，也有利于正确的舆论观念在大学生群体中的传播，有利于加强红色文化精神内涵与大学生价值观念的深度融合，从而提升大学生的德育水平。

（二）建立高校德育与红色文化创新发展的激励机制

红色文化与高校德育的融合同样需要激励机制促进创新。首先对高校校园中红色文化精神的传播，可以通过各高校间联合举办与红色文化相关的活动来完成。比如进行高校红色文化知识竞赛，对表现优秀的同学颁发相应奖品和荣誉证书，以增强红色文化精神在高校中的传播，利用红色文化提升学生的精神

[①] 谭仁杰. 网络时代的高校思想政治教育 [M]. 武汉：武汉大学出版社，2014.

内涵，使其与德育更好地融合。其次对于教师德育水平的提升，可以通过考核、评比等形式，加强教师对红色文化相关知识理论的深刻理解，改进教师的教学方法，对表现优异的教师进行适当物质奖励或职位提升，以激励教师德育能力的提高和加强，从而增强红色文化与高校德育的融合。

（三）建立完善的高校德育反馈评价机制

高校德育工作的开展，同样也要注重反馈评价机制的运用。首先为了增强校园红色文化建设，加强大学生道德建设，高校可以运用多种方式以及活动展开，如在校园设红色文化角、举办红色文化知识竞赛等。但是对于为增强红色文化在校园中的传播而制定的校园文化活动，高校及教师要及时与学生沟通，在进行活动前后积极收集学生的反馈，了解学生的喜好，根据学生的兴趣，对校园活动进行及时调整，这样才能使红色文化活动更好地促进高校德育的发展。其次对于高校中德育课程的设置，高校及教师要及时掌握学生的思想状况，及时了解学生对课程形式、教育内容及教育方式的反馈评价，从而根据大学生的实际情况，对课程进行调整。最后，对于红色文化在德育课程中的融入，也需要根据学生的反馈评价，制定适合本校学生的教学方式，从而提升德育的有效性。

（四）统筹坚实的制度保障机制

1.坚持我国根本制度

我国是共产党领导的社会主义国家，在宪法中明确地指出了社会主义制度是中华人民共和国的根本制度。因此，不论是在红色文化的弘扬与传播过程中、高校德育的创新发展过程中还是在二者融合的过程中，都要注重方向的正确性，在此基础上不断加强高校德育的创新发展以及与红色文化的融合。

高校德育的重要性也是由于社会主义的建设和发展需要更多拥有良好知识素质、道德素质、心理素质等的全面发展的人才，因此对于各高校而言，德育要紧跟社会主义事业的发展方向，大学生要不断提升自己各方面的能力。

2.坚持高校德育的创新发展

加强高校德育制度建设能够规范高校德育中存在的问题，高校德育制度规范化的确立，具有权威性和强制性。制度规定了大学生应该遵循的道德规范，其内容是所有学生都必须遵循不能违背的，同时内容中也对违纪处罚行为进行了规定，对大学生的道德品质具有约束力。

　　对于高校而言，校规校纪、学生守则等都是高校德育的制度规定，德育的制度规定能够使学校的各项工作顺利推进，同时也对大学生的道德品质进行了界定和要求，使大学生能够在校规校纪与学生守则的约束下健康发展。红色文化作为中国优秀文化的重要表现形式，也可通过制度的形式将其融入高校相关规则制度中，如将其融入大学生教学实践守则等制度中，以制度的形式保证红色文化在校园中的弘扬和发展，以保证红色文化在高校德育中重要作用的发挥。

参考文献

［1］孙其昂. 高校德育队伍建设的战略思考［M］. 徐州：中国矿业大学出版社，1996.

［2］初明利，范书生. 高校德育新视野［M］. 天津：天津社会科学院出版社，2004.

［3］詹万生. 和谐德育论［M］. 北京：教育科学出版社，2008.

［4］王学俭. 改革开放与马克思主义理论发展：兰州大学纪念改革开放30周年理论研讨会暨马克思主义学院成立大会论文集［M］. 兰州：兰州大学出版社，2010.

［5］张再兴. 高校辅导员队伍建设理论与实践［M］. 北京：人民出版社，2010.

［6］彭未名. 交往德育论［M］. 太原：山西教育出版社，2010.

［7］赵纪宁. 现代科技发展与高校德育模式的创新［M］. 北京：北京邮电大学出版社，2011.

［8］石书臣. 主导论：多元文化背景下的高校德育主导性研究［M］. 北京：人民出版社，2011.

［9］金国华. 高校教育教学改革与创新探索［M］. 桂林：漓江出版社，2013.

［10］陈新汉，邱仁富. 坚持社会主义核心价值体系研究中的问题意识［M］. 上海：上海大学出版社，2014.

［11］冯世勇. 高校德育工作的理论研究和实践探索［M］. 太原：山西人民出版社，2014.

［12］谭仁杰. 网络时代的高校思想政治教育：地方院校德育研究［M］. 武汉：武汉大学出版社，2014.

［13］ 孙晓峰，储诚炜. 中西方高校德育管理比较研究［M］. 合肥：安徽科学技术出版社，2015.

［14］ 陈中建. 高校德育系统工程研究［M］. 南京：南京师范大学出版社，2015.

［15］ 田建国，李东. 大学德育创新实践走向［M］. 济南：山东教育出版社，2016.

［16］ 吴琼. 高校思想政治教育范式转换研究［M］. 北京：北京交通大学出版社，2016.

［17］ 谭仁杰. 中国梦与高校德育：地方院校德育研究［M］. 武汉：武汉大学出版社，2016.

［18］ 卢少华. 科学视阈下的高校德育工作创新和发展［M］. 北京：知识产权出版社，2016.

［19］ 胡琦，陈海燕. 高校德育社会化综论［M］. 杭州：浙江大学出版社，2016.

［20］ 周爱华. 学生德育工作理论与实践探究［M］. 长春：吉林人民出版社，2017.

［21］ 金琪. 中和育人：浸润中华优秀传统文化的德育探索［M］. 上海：上海教育出版社，2017.

［22］ 孙义兰. 中国与新加坡当代大学德育比较研究［M］. 银川：宁夏人民教育出版社，2017.

［23］ 孔亮. 高校德育教育引入传统文化的创新研究［M］. 西安：世界图书出版西安有限公司，2018.

［24］ 白翠红. 高校德育思维方式发展研究［M］. 广州：中山大学出版社，2018.

［25］ 刘丽波. 新时期高校德育教育创新发展研究［M］. 石家庄：河北人民出版社，2018.

［26］ 王丽萍，郑百易. 核心素养视角下的学校德育协同实践与研究［M］. 上海：上海教育出版社，2019.

［27］ 曲华君，罗顺绸，钟晴伟. 德育教育与创新能力发展［M］. 北京：中国财富出版社，2019.

［28］ 刘兆俊. 德育教育与心理健康教育［M］. 长春：吉林教育出版社，2019.

［29］ 郑兵.“三维一体”德育模式的创建及实施策略的实践研究［M］. 成都：西南交通大学出版社，2020.

［30］ 叶莉英. 基于价值澄清理论的大学生价值观教育探析［J］. 宁波大学学报（教育科学版），2009，31（6）：100-104.

［31］ 马志强. 隐性维度下独立学院思想政治教育发展探析［J］. 和田师范专科学校学报，2011，30（2）：72-73.

［32］ 张静，雷三容. 论现时代大学德育目标体系的构建［J］. 武汉冶金管理干部学院学报，2011，21（3）：40-42.

［33］ 吴艳东. 论思想政治教育的文化价值［J］. 思想教育研究，2011（9）：3-5.

［34］ 陈永春. 浅析当代大学生理想信念教育［J］. 现代经济，2013，12（4）：58-60.

［35］ 韩剑锋，赵丹. 文化生态学视阈下中国主流文化和精英文化的关系研究［J］. 河北青年管理干部学院学报，2015，27（2）：95-97.

［36］ 李翠芝. 高校德育目标的定位研究［J］. 武警学院学报，2016，32（1）：53-56.

［37］ 郭亮. 数字化背景下教育信息化模式变革机制探究［J］. 信息与电脑（理论版），2017（2）：252-253.

［38］ 刘芳. 传统德育资源的当代挖掘与现代性转化［J］. 学校党建与思想教育，2018（20）：31-33.

［39］ 肖勇. 中华优秀传统文化融入校园文化建设的机制研究［J］. 教育现代化，2018，5（39）：344-345.

［40］ 金鑫. 高校创新教育与德育教育的契合探讨［J］. 科技创业月刊，2019，32（1）：92-94.

［41］ 王成. 高校思想政治教育全程化有效路径研究［J］. 吉林师范大学学报（人文社会科学版），2019，47（2）：95-100.

［42］ 栾静. 基于实践能力培养的高职思政教育课程改革研究［J］. 山东农业管理干部学院学报，2019，36（12）：167-168.

［43］ 魏靖琳. 以激励手段优化高校网络教育资源供给的机制创新［J］. 中国成人教育，2019（14）：23-25.

［44］ 张娇娇，孔晓茵，杨晓寒，等.“三全育人”视角下高校辅导员促进学风建设的对策研究［J］.产业与科技论坛，2020，19（22）：269-270.

［45］ 林水旺.新时代高校德育实践路径创新研究［J］.淮南职业技术学院学报，2020，20（4）：52-54.

［46］ 姜晓琳，王鹏.新时代高校德育教育的创新与实践［J］.食品研究与开发，2020，41（19）：247.